알기 쉬운

일본어

한혜숙 저

やさしい 日本語

SEROMI

CONTENTS

입문편

실용편

입문편

제1장

일본과 일본어

학습목표(學習目標)

일본[Japan]과 일본어[Japanese language]에 대한 전반적인 사항을 알아본다.

1. 일본이란?

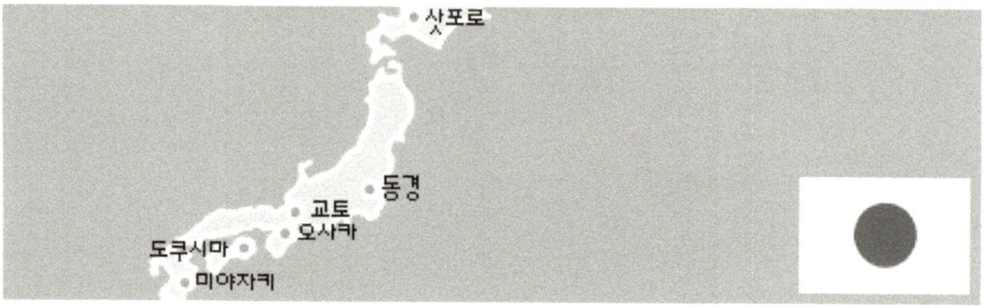

일본 [日本, Japan]

- **위치** : 동북아시아
- **수도** : 도쿄
- **인구** : 약 1억 3천만
- **통화** : 엔(￥)
- **공용어** : 일본어
- **면적** : 37만 7873㎢
- **정체** : 입헌군주제
- **나라꽃** : 벚꽃

후지산은 일본의 상징이며, 사철 다른 모습으로 관광객의 마음을 끄는 곳이다. 도쿄에서 기차나 버스로 불과 두 시간 정도면 닿을 수 있는 후지산은 특히 장대한 설경이 아름답다.

2. 일본어 [日本語, Japanese language]

(1) 일본어의 문자

현대 일본어는 「한자·히라가나·가타카나·로마자·아라비아 숫자」 이렇게 5종류의 문자체계가 사용되고 있다.

▶ 히라가나(ひらがな) : 한자의 초서체에서 따온 것으로 인쇄·필기를 막론하고 모든 경우에 사용된다.

▶ 가타카나(カタカナ) : 한자의 자획 일부에서 따온 것으로 외래어·의성어·의태어·전보·광고문 등 특별히 말의 뜻을 강조할 경우 부분적으로 사용된다.

▶ 한자(漢字) : 한국에서 한자는 한 가지 음으로 읽히나, 일본에서는 적어도 두 가지 이상의 다양한 음으로 읽히고 있다. 1981년에 상용한자로 제정된 현대 일본어의 한자표기의 기본 글자는 1945字이고, 한자의 음을 따라 읽는 음독(音読)과 뜻을 따라 읽는 훈독(訓読)이 있다. 여기에 로마자나 아리비아 숫자 등을 병행해서 사용한다.

(2) 일본어의 문법

일본어는 문장체인 문어(文語)와 회화체인 구어(口語)가 있다.
또한 문체(文体)도 상용체(常用体)와 공손을 표현하는 경체(敬体)가 있으며, 경어와 여성어가 특히 발달했다.

- 여성어는 남성의 언어에 비하여 부드럽고 품위가 있으며, 한자어나 직접적인 표현은 될수록 피하고 고유어나 완곡한 표현을 즐겨 사용함으로써 예의바르고 정서적이다.
- 여성의 서간문이나 수필 등에서 볼 수 있는 문체나 문장 등이 여성어의 대상으로 다루어지고, 여성들의 말하는 태도나 억양, 발음, 발성의 특징이 여성어에 포함된다.

(3) 일본어의 문제점

단일 민족에 단일 언어를 가진 일본은 복잡한 언어 문제는 없으나, 위에서 말한 대로 일본어는 한자(漢字)를 혼용하여 사용하는 언어이므로 한자의 자수와 획수가 늘 문제로 대두되고 있다. 따라서 제2차 세계대전 후 「당용한자표(当用漢字表)」, 「동음훈표(同音訓表)」, 「현대 가나 표기법」, 「개정음훈표(改定音訓表)」 등을 제정하여 큰 성과를 보았으나 아직 표준어의 확립, 경어(敬語)의 정리 등 여러 문제를 안고 있다.

(4) 일본어의 특징

- 고저 액센트가 있다.
- 특수음이 있다. (촉음 / 발음 / 장음)
- 띄어쓰기가 거의 없다.
- 마침표는 「 。」로 표시한다.
- 의문문에도 「 ? 」는 붙이지 않는다.
- 같은 문자가 반복될 때는 「々」로 표시한다.
  예) 時時 → 時々

퀴즈(クイズ)

1 일본은 어디에 위치하나요?

2 일본의 수도와 나라꽃은요?

3 현재 일본에서 사용하고 있는 문자는 어떤 것이 있나요?

■ 정답

1. 동북아시아
2. 동경(도쿄), 벚꽃(사쿠라)
3. 한자, 히라가나, 가타카나 그리고 로마자와 아라비아 숫자를 병행해서 사용한다.

제2장

일본어의 발음과 문자

학습목표(學習目標)

일본어[Japanese language]의 발음에 대해 공부하고 활용할 수 있다.

1. ひらがな 오십음도(五十音図)

분류	あ행	か행	さ행	た행	な행	は행	ま행	や행	ら행	わ행	
あ단	あ a	か ka	さ sa	た ta	な na	は ha	ま ma	や ya	ら ra	わ wa	ん m, n
い단	い i	き ki	し si	ち chi	に ni	ひ hi	み mi		り ri		
う단	う u	く ku	す su	つ tsu	ぬ nu	ふ hu	む mu	ゆ yu	る ru		
え단	え e	け ke	せ se	て te	ね ne	へ he	め me		れ re		
お단	お o	こ ko	そ so	と to	の no	ほ ho	も mo	よ yo	ろ ro	を o	

청음(清音) 쓰기

あ	い	う	え	お

▶ **あ행** : 「あ·い·う·え·お」는 일본어의 모음이다. 발음은 '아·이·우·에·오'와 비슷하다.

예) あい : 사랑　いい : 좋다　うえ : 위　え : 그림　おい : 남자 조카

か	き	く	け	こ

▶ **か행** : か행 발음은 첫머리에 나올 때는 한국어 'ㅋ'에 가깝고, 중간에 나올 때는 'ㄲ'과 비슷하다.

예) かお : 얼굴　きく : 듣다/국화　くい : 말뚝　け : 털

さ	し	す	せ	そ

▶ **さ행** : さ행 발음은 한국어의 'ㅅ'에 가까우나, 「す」는 '스'에 가깝게 발음한다.

예) さら : 접시　しお : 소금　すいか : 수박　せき : 자리　そら : 하늘

た	ち	つ	て	と

▶ **た행** : た행 발음은 첫머리에 나올 때는 한국어 'ㅌ'에 가깝고, 중간에 나올 때는 'ㄸ'과 비슷하다.

예) たこ : 문어　ちち : 아버지　つり : 낚시　て : 손　とり : 새

な	に	ぬ	ね	の

▶ **な행** : な행 발음은 한국어의 'ㄴ'에 가깝기 때문에 발음상의 문제점은 없다.

예) なし : 배　にく : 고기　ぬれる : 젖다　ねこ : 고양이　のき : 처마

は	ひ	ふ	へ	ほ

▶ **は행** : は행 발음은 한국어 'ㅎ'에 가깝고, 「ひ」·「ふ」는 약간 강하게 발음된다.

예) はは : 엄마　ひかり : 빛　ふうせん : 풍선　へび : 뱀　ほたる : 반딧불

ま	み	む	め	も

▶ **ま행** : ま행 발음은 한국어의 'ㅁ'에 가깝기 때문에 발음상의 문제점은 없다.

예) まえ : 앞　みみ : 귀　むし : 벌레　め : 눈　もも : 복숭아

や		ゆ		よ

▶ **や행** : や행은 한국어의 모음 'ㅑ, ㅠ, ㅛ'에 가깝다.

예) やね : 지붕　ゆめ : 꿈　よる : 밤(夜)

ら	り	る	れ	ろ

▶ **ら행** : ら행 발음은 한국어 'ㄹ'에 가깝다.

예) らく : 편안하다　りす : 다람쥐　るす : 집에 없음　れいか : 영하
ろうか : 복도

わ		を		ん

▶ **わ행** : わ행 발음은 한국어 'ㅘ'에 가깝다. 「を」는 목적격 조사로 「お」와 발음이 같다. 또한 「ん」은 일본어의 발음기호이다. 「わ」행은 「わ」 하나이다.

예) わりばし : 나무젓가락　わたしを : 나를, 저를　しんぶん : 신문

2. カタカナ 오십음도(五十音図)

분류	ア행	カ행	サ행	タ행	ナ행	ハ행	マ행	ヤ행	ラ행	ワ행	
ア단	ア a	カ ka	サ sa	タ ta	ナ na	ハ ha	マ ma	ヤ ya	ラ ra	ワ wa	ン m,n
イ단	イ i	キ ki	シ si	チ chi	ニ ni	ヒ hi	ミ mi		リ ri		
ウ단	ウ u	ク ku	ス su	ツ tsu	ヌ nu	フ hu	ム mu	ユ yu	ル ru		
エ단	エ e	ケ ke	セ se	テ te	ネ ne	ヘ he	メ me		レ re		
オ단	オ o	コ ko	ソ so	ト to	ノ no	ホ ho	モ mo	ヨ yo	ロ ro	ヲ o	

1) 외래어나 인명·지명·의성어·의태어·전보·광고문 등을 표기할 때나 특별히 말의 뜻을 강조하고자 하는 단어에 부분적으로 사용하며, 발음은 히라가나와 같다.

2) 외래어나 외국어의 장음은 반드시 장음부호 「ー」로 표기

3) 촉음 「ッ」, 요음 「ャ·ュ·ョ」 외에도 외래어 표기를 위해 「ァ·ィ·ォ·ェ·ォ」를 작게 써서 표기할 때도 있다.

예) fashion(패션) → ファッション　　chese(체스) → チェス

カタカナ 쓰기

ア	イ	ウ	エ	オ
カ	キ	ク	ケ	コ
サ	シ	ス	セ	ソ
タ	チ	ツ	テ	ト
ナ	ノ	ヌ	ネ	ノ
ハ	ヒ	フ	ヘ	ホ

マ	ミ	ム	メ	モ
ヤ		ユ		ヨ
ラ	リ	ル	レ	ロ
ワ		ヲ		ン

3. 탁음(だくおん)과 반탁음(はんだくおん)

	탁음				반탁음
분류	が행	ざ행	だ행	ば행	ぱ행
あ단	が ga	ざ za	だ da	ば ba	ぱ pa
い단	ぎ gi	じ zi	ぢ ji	び bi	ぴ pi
う단	ぐ gu	ず zu	づ zu	ぶ bu	ぷ pu
え단	げ ge	ぜ ze	で de	べ be	ぺ pe
お단	ご go	ぞ zo	ど do	ぼ bo	ぽ po

(1) 탁음 쓰기

▶ が행

が	ぎ	ぐ	げ	ご

▶ ざ행

ざ	じ	ず	ぜ	ぞ

▶ だ행

だ	ぢ	づ	で	ど

▶ ば행

ば	び	ぶ	べ	ぼ

(2) 반탁음 쓰기

▶ ぱ행

ぱ	ぴ	ぷ	ぺ	ぽ

4. 요음(ようおん)

▶요음이란 「い」단 문자에 「や·ゆ·よ」 → 「ゃ·ゅ·ょ」로 작게 붙인 형태를 말한다.

▶요음은 발음의 길이가 중요하므로 한음절임을 알아두어야 한다.

きゃ kya	しゃ sya	ちゃ chya	にゃ nya	ひゃ hya	みゃ mya	りゃ rya

きゅ kyu	しゅ syu	ちゅ chyu	にゅ nyu	ひゅ hyu	みゅ myu	りゅ ryu
きょ kyo	しょ syo	ちょ chyo	にょ nyo	ひょ hyo	みょ myo	りょ ryo

ぎゃ gya	じゃ jya	びゃ bya
ぎゅ gyu	じゅ jyu	びゅ byu
ぎょ gyo	じょ jyo	びょ byo
ぴゃ pya	ぴゅ pyu	ぴょ pyo

①「い단 + や」

예) きゃく : 손님　しゃしん : 사진　おちゃ : 차　ひゃく : 100　じゃま : 방해

②「い단 + ゆ」

예) きゅうに : 갑자기　しゅみ : 취미　ちゅうい : 주의　しんじゅ : 진주　にゅういん : 입원

③「い단 + よ」

예) きょり : 거리　しょるい : 서류　ちょきん : 저금　びょういん : 병원　みょうじ : 성씨

5. 촉음(そくおん)

▶ 현대의 「つ」를 작게 표기하는 것을 촉음이라고 하는데, 촉음 역시 요음과 마찬가지로 한음절임을 주의해야 한다.

① 「か」행의 앞 : [ㄱ]과 유사한 발음
예) さっか : 작가　がっこう : 학교

② 「さ」행의 앞 : [ㅅ]과 유사한 발음
예) けっせき : 결석　ざっし : 잡지

③ 「た」행의 앞 : [ㄷ]과 유사한 발음
예) きって : 우표　よっつ : 네 개

④ 「ぱ」행의 앞 : [ㅂ]과 유사한 발음
예) いっぱい : 한잔/하나 가득　きっぷ : 표　しゅっぱつ : 출발

6. 발음(はつおん)

▶ 요음이나 촉음이 앞의 음과 한음절로 발음이 되는 것에 반해, 발음인 「ん」은 하나의 음절 길이를 갖는다는 것을 유의해야 한다.

① 「ま·ば·ぱ」행의 앞[ㅁ]
예) さんまい : 세장　かんぱい : 건배　しんぱい : 걱정

② 「さ·ざ·た·だ·な·ら」행의 앞[ㄴ]
예) いんさつ : 인쇄　ぎんざ : 긴자(지명)　おんな : (여자)

③ 「あ·か·が·や·わ」행의 앞[ㅇ]
예) れんあい : 연애　おんがく : 음악　でんわ : 전화

7. 장음(ちょうおん)

▶ 일본어의 장음의 발음은, 우선 단어 내에 자음과 단음이 있으므로 잘 구별하여 발음하여야 한다. 즉, 단음은 한음절로 장음은 좀 더 길게 발음한다.

①「あ단 + あ」[aː]

예) おばあさん「おば-さん」: 할머니　おかあさん「おか-さん」: 어머니

②「い단 + い」[iː]

예) おじいさん「おじ-さん」: 할아버지　おにいさん「おに-さん」: 형, 오빠
いいえ「い-え」: 아니오

③「う단 + う」[uː]

예) くうき「く-き」: 공기　ふうふ「ふ-ふ」: 부부

④「え단 + い/え」[eː]

예) えいご「え-ご」: 영어　せんせい「せんせ-」: 선생님
おねえさん「おね-さん」: 언니, 누나

⑤「お단+う/お」[oː]

예) そうこ「そ-こ」: 창고　こうこう「こ-こ-」: 고등학교　とおり「と-り」: 길

퀴즈 (クイズ)

다음의 단어를 읽고, 어떤 발음으로 소리 나는지 생각해 보세요.

1 요음(ようおん)

(1) おちゃ : 차　　(2) しゅみ : 취미　　(3) ちょきん : 저금

2 촉음(そくおん)

(1) がっこう : 학교　　(2) いっぱい : 한잔/하나 가득　　(3) けっせき : 결석

3 발음(はつおん)

(1) かんぱい : 건배　　(2) ぎんざ : 긴자(지명)　　(3) でんわ : 전화

■ 정답

1. (1) ㅑ (2) ㅠ (3) ㅛ
2. (1) ㄱ (2) ㅂ (3) ㅅ
3. (1) ㅁ (2) ㄴ (3) ㅇ

제3장

일본어 쓰기 연습

학습목표(學習目標)

일본어[Japanese language] 쓰기에 대해 공부하고 활용해 보자.

あ [a]	あ	あ	あ				
い [i]	い	い	い				
う [u]	う	う	う				
え [e]	え	え	え				
お [o]	お	お	お				

か [ka]	か	か	か				
き [ki]	き	き	き				
く [ku]	く	く	く				
け [ke]	け	け	け				
こ [ko]	こ	こ	こ				

さ [sa]	さ	さ	さ				
し [si]	し	し	し				
す [su]	す	す	す				
せ [se]	せ	せ	せ				
そ [so]	そ	そ	そ				

た [ta]	た	た	た				
ち [chi]	ち	ち	ち				
つ [tsu]	つ	つ	つ				
て [te]	て	て	て				
と [to]	と	と	と				

な [na]	な	な	な				
に [ni]	に	に	に				
ぬ [nu]	ぬ	ぬ	ぬ				
ね [ne]	ね	ね	ね				
の [no]	の	の	の				

は [ha]	は	は	は				
ひ [hi]	ひ	ひ	ひ				
ふ [hu]	ふ	ふ	ふ				
へ [he]	へ	へ	へ				
ほ [ho]	ほ	ほ	ほ				

ま [ma]	ま	ま	ま				
み [mi]	み	み	み				
む [mu]	む	む	む				
め [me]	め	め	め				
も [mo]	も	も	も				

や [ya]	や	や	や				

ゆ [yu]	ゆ	ゆ	ゆ				

よ [yo]	よ	よ	よ				

ら [ra]	ら	ら	ら				
り [ri]	り	り	り				
る [ru]	る	る	る				
れ [re]	れ	れ	れ				
ろ [ro]	ろ	ろ	ろ				

わ [wa]	わ	わ	わ				
を [o]	を	を	を				
ん [N]	ん	ん	ん				

ア [a]	ア	ア	ア				
イ [i]	イ	イ	イ				
ウ [u]	ウ	ウ	ウ				
エ [e]	エ	エ	エ				
オ [o]	オ	オ	オ				

カ [ka]	カ	カ	カ				
キ [ki]	キ	キ	キ				
ク [ku]	ク	ク	ク				
ケ [ke]	ケ	ケ	ケ				
コ [ko]	コ	コ	コ				

サ [sa]

サ	サ	サ				

シ [si]

シ	シ	シ				

ス [su]

ス	ス	ス				

セ [se]

セ	セ	セ				

ソ [so]

ソ	ソ	ソ				

タ [ta]	タ	タ	タ				
チ [chi]	チ	チ	チ				
ツ [tsu]	ツ	ツ	ツ				
テ [te]	テ	テ	テ				
ト [to]	ト	ト	ト				

ナ [na]

ナ ナ ナ

ニ [ni]

ニ ニ ニ

ヌ [nu]

ヌ ヌ ヌ

ネ [ne]

ネ ネ ネ

ノ [no]

ノ ノ ノ

ハ [ha]	ハ	ハ	ハ				
ヒ [hi]	ヒ	ヒ	ヒ				
フ [hu]	フ	フ	フ				
ヘ [he]	ヘ	ヘ	ヘ				
ホ [ho]	ホ	ホ	ホ				

マ [ma]	マ	マ	マ				
ミ [mi]	ミ	ミ	ミ				
ム [mu]	ム	ム	ム				
メ [me]	メ	メ	メ				
モ [mo]	モ	モ	モ				

ヤ
[ya]

ヤ	ヤ	ヤ				

ユ
[yu]

ユ	ユ	ユ				

ヨ
[yo]

ヨ	ヨ	ヨ				

ラ [ra]	ラ ラ ラ
リ [ri]	リ リ リ
ル [ru]	ル ル ル
レ [re]	レ レ レ
ロ [ro]	ロ ロ ロ

ワ [wa]	ワ	ワ	ワ				
ヲ [o]	ヲ	ヲ	ヲ				
ン [N]	ン	ン	ン				

제 4 장

알아두기

명사(전성명사)

한자	우리말	한자	우리말	한자	우리말
東(ひがし)	동	表(おもて)	표면	向(むこ)う	맞은편
西(にし)	서	裏(うら)	뒷면	真(ま)ん中(なか)	한가운데
南(みなみ)	남	高(たか)い	높다	大(おお)きさ	크기
北(きた)	북	低(ひく)い	낮다	長(なが)さ	길이
北東(ほくとう)	북동	近(ちか)い	가깝다	広(ひろ)さ	넓이
南東(なんとう)	남동	遠(とお)い	멀다	深(ふか)さ	깊이
北西(ほくせい)	북서	横(よこ)	가로	高(たか)さ	높이
南西(なんせい)	남서	縦(たて)	세로	重(おも)さ	무게
上(うえ)	위	角(かど)	모퉁이	暑(あつ)さ	더위
下(した)	아래	隅(すみ)	구석	早(はや)さ	빠름
前(まえ)	앞	縁(ふち)	테두리	甘(あま)み	단맛/달콤함
後(うし)ろ	뒤	周(まわ)り	주위	苦(にが)み	씁쓸한 맛
右(みぎ)	오른쪽	周辺(しゅうへん)	주변	辛(から)み	매운맛
左(ひだり)	왼쪽	側(そば)	곁/옆	深(ふか)み	깊은맛/깊은곳
内(うち)	안	隣(となり)	이웃	坪(つぼ)	평
外(そと)	밖	正面(しょうめん)	정면	速度(そくど)	속도

형용사

한자	우리말	漢字	우리말
暑(あつ)い	덥다	多(おお)い	많다
寒(さむ)い	춥다	少(すく)ない	적다
暖(あたた)かい	따뜻하다	軽(かる)い	가볍다
涼(すず)しい	시원하다	重(おも)い	무겁다
冷(つめ)たい	차갑다	美(うつく)しい	아름답다
長(なが)い	길다	嬉(うれ)しい	기쁘다
短(みじか)い	짧다	悲(かな)しい	슬프다
細(ほそ)い	가늘다	寂(さび)しい	외롭다
太(ふと)い	두껍다	甘(あま)い	달다
高(たか)い	비싸다/높다	辛(から)い	맵다
安(やす)い	싸다	痛(いた)い	아프다
広(ひろ)い	넓다	おいしい	맛있다
狭(せま)い	좁다	まずい	맛이 없다
大(おお)きい	크다	若(わか)い	젊다
小(ちい)さい	작다	懐(なつ)かしい	그립다

형용 동사

한자	우리말	한자	우리말
素敵(すてき)だ	멋있다	豊(ゆた)かだ	풍부하다
立派(りっぱ)だ	훌륭하다	盛(さか)んだ	번창하다
大切(たいせつ)だ	소중하다	華(はな)やかだ	화려하다
必要(ひつよう)だ	필요하다	ハンサムだ	핸섬하다
元気(げんき)だ	건강하다	簡単(かんたん)だ	간단하다
真面目(まじめ)だ	성실하다	単純(たんじゅん)だ	단순하다
素直(すなお)だ	솔직하다	嫌(いや)だ	싫다
臆病(おくびょう)だ	겁이 많다	迷惑(めいわく)だ	귀찮다 / 성가시다
朗(ほが)らかだ	쾌활하다	面倒(めんどう)だ	귀찮다 / 보살핌
わがままだ	버릇없다	不思議(ふしぎ)だ	이상하다
のんきだ	태평하다	残念(ざんねん)だ	유감이다
平気(へいき)だ	태연하다	貧乏(びんぼう)だ	가난하다

학교

한자	우리말
幼稚園(ようちえん)	유치원
小学校(しょうがっこう)	초등학교
中学校(ちゅうがっこう)	중학교
高等学校(こうとうがっこう) (高校(こうこう))	고등학교
短期大学(たんきだいがく)	단기대학
大学(だいがく)	대학교
大学院(だいがくいん)	대학원

병원

한자	우리말	한자	우리말
めまい	현기증	腹痛(ふくつう)	복통
くしゃみ	재채기	頭痛(ずつう)	두통
レントゲン	X선	歯痛(しつう)	치통
診察(しんさつ)	진찰	虫歯(むしば)	충치
医者(いしゃ)	의사	風邪(かぜ)	감기
看護婦(かんごふ)	간호사	咳(せ)き	기침
内科(ないか)	내과	吐(は)き気(け)	구역질
外科(げか)	외과	食(しょく)あたり	체
皮膚科(ひふか)	피부과	水虫(みずむし)	무좀
眼科(がんか)	안과	採決(さいけつ)	채혈
歯科(しか)	치과	注射(ちゅうしゃ)	주사
小児科(しょうにか)	소아과	薬(くすり)	약
熱(ねつ)	열	鎮痛剤(ちんつうざい)	진통제
便秘(べんぴ)	변비	消化剤(しょうかざい)	소화제
下痢(げり)	설사	救急車(きゅうきゅうしゃ)	구급차

계절

한자	우리말	한자	우리말
季節(きせつ)	계절	雷(かみなり)	천둥
春(はる)	봄	梅雨(つゆ)	장마
晴(は)れ	맑음	虹(にじ)	무지개
花(はな)	꽃	秋(あき)	가을
桜(さくら)	벚꽃	空(そら)	하늘
つつじ	진달래	落(お)ち葉(ば)	낙엽
れんぎょう	개나리	紅葉(もみじ)	단풍
バラ	장미	星(ほし)	별
むくげ	무궁화	冬(ふゆ)	겨울
夏(なつ)	여름	雪(ゆき)	눈
太陽(たいよう)	태양	山(やま)	산
曇(くも)り	흐림	海(うみ)	바다
雨(あめ)	비	土(つち)	흙
風(かぜ)	바람	木(き)	나무
台風(たいふう)	태풍	石(いし)	돌

신체

한자	우리말	한자	우리말
頭(あたま)	머리	胸(むね)	가슴
首(くび)	목	腋(わき)	겨드랑이
肩(かた)	어깨	腹(はら)	배
腕(うで)	팔	背中(せなか)	등
肘(ひじ)	팔꿈치	尻(しり)	엉덩이
手(て)	손	膝(ひざ)	무릎
手首(てくび)	손목	足(あし)	다리
爪(つめ)	손톱	足首(あしくび)	발목
指(ゆび)	손가락	踵(かかと)	발꿈치
顔(かお)	얼굴	歯(は)	이
目(め)	눈	舌(した)	혀
鼻(はな)	코	あご	턱
口(くち)	입	親指(おやゆび)	엄지
耳(みみ)	귀	人差し指(ひとさしゆび)	검지
髪(かみ)	머리카락	中指(なかゆび)	중지
まゆげ	눈썹	薬指(くすりゆび)	약지
まつげ	속눈썹	小指(こゆび)	새끼손가락

세계의 나라

가타카나	우리말	가타카나	우리말
アジア	아시아	イラク	이라크
ホンコン	홍콩	スペイン	스페인
シンガポール	싱가폴	フランス	프랑스
マレーシア	말레이시아	ドイツ	독일
インド	인도	イラン	이란
オーストラリア	호주	サウジアラビア	사우디아라비아
ニュージーランド	뉴질랜드	エジプト	이집트
ロシア	러시아	アメリカ/米国(べいこく)	미국
イスラエル	이스라엘	カナダ	캐나다
ユーゴ	유고	ブラジル	브라질
ヨーロッパ	유럽	メキシコ	멕시코
オランダ	네덜란드	韓国(かんこく)	한국
イギリス	영국	中国(ちゅうごく)	중국
イタリア	이탈리아	日本(にほん)	일본
スイス	스위스	台湾(たいわん)	대만

스포츠

가타카나	우리말	가타카나	우리말
バレーボール	배구	アーチェリー	양궁
サッカー	축구	マラソン	마라톤
バスケットボール	농구	アイスホッケー	아이스하키
ラクビー	럭비	ホッケー	하키
ハンドボール	핸드볼	野球(やきゅう)	야구
テニス	테니스	水泳(すいえい)	수영
ピンポン	탁구	走り(はし)	달리기
バドミントン	배드민턴	柔道(じゅうどう)	유도
レスリング	레슬링	剣道(けんどう)	검도
ボクシング	권투	射撃(しゃげき)	사격
ゴルフ	골프	乗馬(じょうば)	승마
スキー	스키	体操(たいそう)	체조
スケート	스케이트	重量挙げ(じゅうりょうあ)	역도
フェンシング	펜싱	競馬(けいば)	경마
ダイビング	다이빙	登山(とざん)	등산

실용편

제1장

자기소개 自己紹介（じこしょうかい）

학습목표(學習目標)

- はじめまして。
- キムです。
- どうぞよろしく。

会話 I

中村（なかむら）：はじめまして。中村（なかむら）です。どうぞ、よろしく。

キム：はじめまして。キムです。どうぞ、よろしく。

中村：キムさんは 先生（せんせい）ですか。

キム：いいえ、学生（がくせい）です。中村（なかむら）さんのお仕事（しごと）は。

中村：私（わたし）も学生（がくせい）です。

会話 II

キム：中村（なかむら）さん′ こちらは リーさんです°

リー：はじめまして、リーです。どうぞよろしく。

中村：はじめまして、中村（なかむら）です。リーさんは韓国人（かんこくじん）ですか。

リー：いいえ、私（わたし）は中国人（ちゅうごくじん）です。中村（なかむら）さんのお国（くに）は。

中村：日本（にほん）です。

リー：日本（にほん）のどちらですか。

中村：東京（とうきょう）です。

Key Word

- お仕事（しごと）は。
- お仕事（しごと）は。
- お国（くに）は。
- お国（くに）は。

解說 회화 I

나카무라 : 처음 뵙겠습니다. 나카무라입니다. 잘 부탁드립니다.
김 : 처음 뵙겠습니다. 김입니다. 잘 부탁드립니다.
나카무라 : 김씨는 선생님입니까?
김 : 아니요. 학생입니다. 나카무라씨 직업은요?
나카무라 : 저도 학생입니다.

회화 II

김 : 나카무라씨, 이쪽은 리씨입니다.
리 : 처음뵙겠습니다. 리입니다. 잘 부탁드립니다.
나카무라 : 처음뵙겠습니다. 나카무라입니다. 리씨는 한국인입니까?
리 : 아니요, 저는 중국인입니다. 나카무라씨의 나라는요?
나카무라 : 일본입니다.
리 : 일본 어디입니까?
나카무라 : 동경입니다.

ちょっと一休(ひとやす)み

쉬어가는 코너

❖ 일본어의 「はい」는 "Yes"라는 뜻입니까?

「はい」는 오히려 「わかった(알았다)」라는 뜻에 가깝다. 때문에 「はい」는 영어의 "Yes", "No", "All right"의 모든 의미를 내포한다. 일본인과 비지니스 이야기를 할 때에는 상대가 말하는 「はい」를 "Yes"의 의미로 간주하지 않도록 주의할 필요가 있다.

단어정리와 어구해설

- 自己紹介(じこしょうかい) ： 자기소개
- はじめまして ： 처음뵙겠습니다.
- いいえ ： 아니오

  はい ： 네

  ええ ： 「はい」보다 좀 더 가벼운 대답

  はあ ： 「はい」보다 좀 더 격식을 갖춘 대답
- 学生(がくせい) ： 학생
- ~です ： ~입니다
- お仕事(しごと)は ： 직업은요? / 하시는 일은요?
- 私(わたし) ： 나(일본인은 특히 자신을 강조하고 싶을 때 「私(わたし)(나)」를 사용하므로 「私(わたし)」를 계속해서 말하면 장황하고 세련되지 못한 일본어가 되므로 유의해야 한다.)
- ~も ： ~도
- こちら ： 이쪽(방향을 나타내는 지시대명사이지만, 사람을 가리킬 때도 사용한다)
- ~は ： ~은 / ~는

  주격조사로 올 경우에는 「ha」라고 발음하지 않고 「wa」라고 발음한다.

  例) 私(わたし)は先生(せんせい)です。(○) 「wa」　　私(わたし)は先生(せんせい)です。(×) 「ha」

  또한 こんにちは。(낮인사) こんばんは。(밤인사)의 경우도 관습적으로 「wa」라고 발음한다.
- どうぞよろしく。 ： 잘 부탁합니다.
- 韓国人(かんこくじん) ： 한국인

- ~か : ~까? (의문을 나타내는 종조사)
- 中国人(ちゅうごくじん) : 중국인
- お国(くに)は : 고국은요? / 또는 고향은요?
- 日本(にほん) : 일본
- どちらですか : 어느쪽입니까? / 어느곳입니니까?
- 東京(とうきょう)です : 동경입니다.

응용회화의 단어정리

- ~と言(い)います : ~라고 말합니다.
- ~と申(もう)します : ~라고 말합니다. 「~と言(い)います」의 겸양어
- お願(ねが)いします : 부탁합니다.
- お願(ねが)い致(いた)します : 부탁합니다. 「お願(ねが)いします」의 겸양어
- こちらこそ : 저야말로
- 中国人(ちゅうごくじん) : 중국인
- アメリカ人(じん) : 미국인
- タイ人(じん) : 태국인 (タイ: 태국)

ちょっと一休(ひとやす)み

쉬어가는 코너

❖ **일본어에 대해 알아볼까요? <일본어의 기원>**

일본어의 기원에 대해서는 언어학자도 확실한 해답을 아직 찾지 못하고 있다. 터키어와 같은 우랄 알타이 어족에 속한다는 사람도 있으나 타밀어와의 유사점을 지적하는 학자도 있다. 일본어의 어휘에는 고대 중국에서 많이 들어왔지만 현재는 영어에서의 차용어가 늘어나고 있다.

문형연습

- 私(わたし)は — 韓国人(かんこくじん) / 日本人(にほんじん) / 中国人(ちゅうごくじん) / アメリカ人(じん) です。

- キムさんのお国(くに)は。— アメリカ / 韓国(かんこく) / 日本(にほん) / 中国(ちゅうごく) / タイ です。

- キムさんは アメリカ人(じん) / 韓国人(かんこくじん) / 日本人(にほんじん) / 中国人(ちゅうごくじん) / タイ人(じん) ですか。— はい アメリカ人(じん) / 韓国人(かんこくじん) / 日本人(にほんじん) / 中国人(ちゅうごくじん) / タイ人(じん) です。

응용회화

1	A：はじめまして。マユミです。	A：처음뵙겠습니다. 마유미입니다.
	B：はじめまして。キムです。	B：처음 뵙겠습니다. 김입니다.
2	A：マユミと言(い)います。	A：마유미라고 합니다.
	B：キムと言います。	B：김이라고 합니다.
3	A：マユミと申(もう)します。	A：마유미라고 합니다.
	B：キムと申します。	B：김이라고 합니다.
4	A：どうぞ、よろしく。	A：잘 부탁드립니다.
	B：こちらこそ、よろしく。	B：저야말로 잘 부탁드립니다.
5	A：よろしくお願(ねが)いします。	A：잘 부탁드립니다.
	B：こちらこそ、どうぞよろしく。	B：저야말로 잘 부탁드립니다.
6	A：どうぞ、よろしくお願(ねが)いします。	A：잘 부탁드립니다.
	B：こちらこそ、よろしくお願(ねが)いします。	B：저야말로 잘 부탁드립니다.
7	A：どうぞ、よろしくお願(ねが)い致(いた)します。	A：잘 부탁드리겠습니다.
	B：こちらこそ、よろしくお願(ねが)い致(いた)します。	B：저야말로 잘 부탁드립니다.

挨拶(あいさつ)(인사말-평상시)

1 평상시 인사	おはようございます。	아침 인사
	こんにちは。	낮 인사
	こんばんは。	저녁/밤 인사
	お休(やす)みなさい。	안녕히 주무세요.
2 사죄의 인사	すみません。	미안합니다.
	ごめんください。	저, 실례합니다.
	ごめんなさい。	죄송합니다.
	ごめん。	미안
3 실례의 인사	失礼(しつれい)します。	실례합니다.
	失礼(しつれい)いたします。	
4 감사의 인사	どうも。	감사합니다.
	ありがとう/ございます。	
	どうも/ありがとう/ございます。	
5 사죄/실례/감사의 대답	どういたしまして。	천만에요.
	とんでもありません。	괜찮아요.

6 헤어질 때의 인사

では、また。 じゃね。 さようなら。	안녕

7 외출·귀가 인사

行(い)ってきます。	다녀오겠습니다.
行(い)っていらっしゃい。	다녀오세요.
ただいま。	다녀왔습니다.
お帰(かえ)りなさい。	다녀왔어?/다녀왔어요?

ちょっと一休(ひとやす)み

쉬어가는 코너

❖ 일본어에 대해 알아볼까요? <경어>

일본어에는 중국어, 한국어, 타이어, 베트남어와 같은 다른 많은 아시아 언어와 같이 여러 가지 단계의 경어 표현이 있다. 이는 다른 언어를 구사하는 사람들이 일본어가 어렵게 느껴지는 요인이기도하다. 경어는 두 종류가 있으며, 타인에게 사용할 때는 경어법과 자신에게 쓰는 겸양어가 있다.

제 2 장

저는 한국인입니다.

私(わたし)は韓国人(かんこくじん)です。

학습목표(學習目標)

- 私は大学生(だいがくせい)です。
- 私は日本人(にほんじん)ではありません。

会話 Ⅰ

キム　：　初(はじ)めまして、キムです。

私(わたし)は韓国人(かんこくじん)で、大学生(だいがくせい)です。どうぞ　よろしく。

マユミ：　初(はじ)めまして、マユミです。

私(わたし)は日本人(にほんじん)で、会社員(かいしゃいん)です。どうぞ　よろしく。

会話 Ⅱ

マユミ：　キムさん、こちらは林(はやし)さんです。

キム　：　初(はじ)めまして、キムです。どうぞ　よろしく。

林(はやし)　：　林(はやし)です。どうぞ　よろしく。

キム　：　林(はやし)さんも　會社員(かいしゃいん)ですか。

林(はやし)　：　いいえ´　私(わたし)は　會社員(かいしゃいん)じゃ　ありません。キムさんのお仕事(しごと)は。

キム　：　私(わたし)は　大学生(だいがくせい)です。

林(はやし)　：　そうですか。キムさん、これは　何(なん)ですか。

キム　：　それは　音楽(おんがく)の雑誌(ざっし)です。

Key Word

- ～も
- ～で
- ～の

解說 회화 Ⅰ

김 : 처음뵙겠습니다. 김입니다.
저는 한국인이고, 대학생입니다. 잘 부탁드립니다.
마유미 : 처음뵙겠습니다. 마유미입니다.
저는 일본인이고, 회사원입니다. 잘 부탁드립니다.

회화 Ⅱ

마유미 : 김씨, 이쪽은 하야시씨입니다.
김 : 처음뵙겠습니다. 김입니다. 잘 부탁드립니다.
하야시 : 하야시입니다. 잘 부탁드립니다.
김 : 하야시씨도 회사원입니까?
하야시 : 아니요, 저는 회사원이 아닙니다. 김씨는 무슨일을 하시나요?
김 : 저는 대학생입니다.
하야시 : 그렇습니까? 김씨, 이것은 무엇입니까?
김 : 그것은 음악 잡지입니다.

ちょっと一休(ひとやす)み

쉬어가는 코너

❖ 스모(相撲 씨름)

스모는 고대 일본에서는 오곡풍요를 기원하는 제례의식이었다. 에도(江戸)시대에는 프로 스모선수들이 신사 같은 곳에서 입장료를 받고 흥행하는 씨름이 성행하다가 1909년에 국기(國技)가 되었다. 스모 대전에는 샅바만 입은 두 명의 선수가 직경 4.5m의 씨름판에서 어느 쪽이 먼저 씨름판 바깥으로 나가는지 발바닥 이외의 몸의 일부가 지면에 닿을 때 까지 싸운다.

단어정리와 어구해설

- 私(わたし) : 나
- あなた : 당신

일본어에서 「あなた(당신)」는 일상 회화에서 영어의 「you」와 같이 빈번하게 사용하지 않는다. 「あなた」는 상대방을 놀리거나 업신여길 때, 혹은 언짢은 일이 있을 때 많이 사용하므로 「あなた」라는 단어 대신에 상대방의 이름을 불러 주는 것이 일본어다운 표현이다.

- 韓国人(かんこくじん) : 한국인
- 大学生(だいがくせい) : 대학생
- 日本人(にほんじん) : 일본인
- 雑誌(ざっし) : 잡지
- 会社員(かいしゃいん) : 회사원
- こちら : 이쪽(방향을 나타내는 지시대명사)
- 留学生(りゅうがくせい)ですか : 유학생입니까?
- お仕事(しごと)は : 하시는 일은요? / 직업은요?
- これ : 이것(사물을 나타내는 지시대명사)
- それ : 그것(사물을 나타내는 지시대명사)
- 何(なん)ですか : 무엇입니까?
- これは何(なん)ですか : 이것은 무엇입니까?
- で : ~이며, ~이고

  둘 이상의 사물을 같은 자격으로 이어주는 접속조사

문형연습 단어정리

- モデル : 모델
- 歌手(かしゅ) : 가수
- 医者(いしゃ) : 의사
- 教師(きょうし) : 교사
- 教授(きょうじゅ) : 교수
- 日本語(にほんご)の本(ほん) : 일본어책
- 英語(えいご)の本(ほん) : 영어책
- 音楽(おんがく)の雑誌(ざっし) : 음악잡지
- スポーツの雑誌(ざっし) : 스포츠잡지

응용회화의 단어정리

- ~では(じゃ)ありません : ~이(가) 아닙니다.

ちょっと一休(ひとやす)み

쉬어가는 코너

❖ 왜 스모선수는 샅바만 입을까? 그리고 경기 전에 스모선수가 뿌리는 것은 무엇일까?

무기를 갖고 있지 않다는 것을 보여 주기 위해서이며 경기 시작 전에 양손을 펼쳐 보이는 것도 같은 이유이다. 또한 스모선수가 뿌리는 것은 소금이며 신성한 장소인 씨름판에서 몸과 마음을 깨끗하게 하고 경기에 임한다는 의미이다.

문형연습

- 私(わたし)は — [韓国人(かんこくじん) / 日本人(にほんじん) / 中国人(ちゅうごくじん) / アメリカ人(じん) / タイ人(じん)] で、 [学生(がくせい) / 留学生(りゅうがくせい) / 先生(せんせい) / モデル / 歌手(かしゅ)] です。

- キムさんは [アメリカ人(じん) / 日本人(にほんじん) / 中国人(ちゅうごくじん) / タイ人(じん)] じゃありません。

- お仕事(しごと)は。 ………… 私(わたし)は [会社員(かいしゃいん) / 選手(せんしゅ) / 医者(いしゃ) / モデル / 教師(きょうし) / 教授(きょうじゅ)] です。

これは何ですか。 .... それは 日本語の本 / 英語の本 / 音楽の雑誌 / スポーツの雑誌 です。

ちょっと一休み

쉬어가는 코너

❖ 왜 스모 선수들은 그렇게 뚱뚱할까? 특별한 식사를 하고 있는 것은 아닐까?

영양이 풍부한 다양한 음식을 스프로 만든 챵코나베(ちゃんこ鍋)요리를 주로 먹는다. 또 단기간에 체중을 늘리는 비책은 한 번에 먹는 양을 늘리고 먹는 횟수를 줄이는 것이다. 이것은 조금씩 끊임없이 먹는 소식과는 정반대라고 할 수 있다.

응용회화

1 私(わたし)は韓国人(かんこくじん)です。 — 나는 한국인입니다.

2 A：私(わたし)は韓国人(かんこくじん)です。 — A：나는 한국인입니다.

B：私(わたし)は韓国人(かんこくじん)ではありません。 — B：나는 한국인이 아닙니다.
（じゃありません。）

3 A：私(わたし)は日本人(にほんじん)です。 — A：나는 일본인입니다.

B：私(わたし)は日本人(にほんじん)ではありません。 — B：나는 일본인이 아닙니다.

4 A：私(わたし)は中国人(ちゅうごくじん)です。 — A：나는 중국인입니다.

B：私(わたし)は中国人(ちゅうごくじん)ではありません。 — B：나는 중국인이 아닙니다.

5 A：あなたは韓国人(かんこくじん)ですか。 — A：당신은 한국인입니까?

B：はい、私(わたし)は韓国人(かんこくじん)です。 — B：예, 저는 한국인입니다.

いいえ、私(わたし)は韓国人(かんこくじん)ではありません。 — 아니요, 저는 한국인이 아닙니다.

日本人(にほんじん)です。 — 일본인입니다.

6 A：あなたは大学生(だいがくせい)ですか。 — A：당신은 대학생입니까?

B：はい、私(わたし)は大学生(だいがくせい)です。 — B：예, 저는 대학생입니다.

いいえ、私(わたし)は大学生(だいがくせい)ではありません。 — 아니요, 저는 대학생이 아닙니다.

会社員(かいしゃいん)です。 — 회사원입니다.

기본문법과 해설

Ⅰ. 명사

• 긍정문	: ~です	~입니다
• 부정문	: ~ではありません	~이(가) 아닙니다
	~じゃありません	~ではありません의 준말
• 의문문	: ~ですか	~입니까?
• 중지법(中止法)	: ~で	~이고
• 연속부정	: ~でも~でもありません	~도 ~도 아닙니다
• 과거	: ~でした	~이었습니다
• 과거부정	: ~ではありませんでした	~이(가) 아니었습니다

Ⅱ. ~です의 활용

• ~です (~입니다)	← 부정 →	~では(じゃ)ありません (~이 아닙니다)
↓ 과거		↓ 과거
~でした (~이었습니다)	← 부정 →	~では(じゃ)ありませんでした (~이 아니었습니다)

※ ~です는 명사나 체언, 형용동사의 어간에 접속된다.

Ⅲ. 지시대명사

	こ – 근칭	そ – 중칭	あ – 원칭	ど – 부정칭
사물을 가리킬 때	これ – 이것	それ – 그것	あれ – 저것	どれ – 어느것
장소를 나타낼 때	ここ – 여기	そこ – 거기	あそこ – 저기	どこ – 어디
방향/사람을 지시할 때	こちら – 이쪽 (こっち)	そちら – 그쪽 (そっち)	あちら – 저쪽 (あっち)	どちら – 어느쪽 (どっち)
명사를 수식할 때	この – 이	その – 그	あの – 저	どの – 어느

ちょっと一休(ひとやす)み

쉬어가는 코너

❖ 가이세키 요리(懐石料理)

원래 가이세키 요리는 차를 마시는 자리에 나오는 간단한 요리로 하나의 스프와 세 가지 채식요리였다. 그 종류가 늘어나 가이세키 요리로 음식점에 나오게 된 것은 에도(江道)시대 중반부터이다. 가이세키는 일본요리의 예술품이라 할 수 있는 것으로 하나하나 정성스럽게 만들어 예쁘게 담은 요리가 소량씩 나온다. 배가 부르지 않을지도 모르지만 그 아름다움은 눈을 충분히 만족시켜 준다.

挨拶(あいさつ)(인사말)

1	自己紹介(じこしょうかい)をしてください。	1	자기소개를 해 주세요.
2	予習(よしゅう)してください。 復習(ふくしゅう)してください。	2	예습해 주세요. 복습해 주세요.
3	簡単(かんたん)です。易(やさ)しいしいです。 難(むずか)しいです。	3	간단합니다. 쉽습니다. 어렵습니다.
4	宿題(しゅくだい)があります。 テストがあります。	4	숙제가 있습니다. 시험이 있습니다.
5	(これ·それ·あれ)は 何(なん)ですか。 発音(はつおん)の練習(れんしゅう)をします。 後(あと)に続(つづ)いて言(い)ってください。 説明(せつめい)してください。	5	(이것, 그것, 저것)은 무엇입니까? 발음연습을 하겠습니다. 뒤를 따라 말해 주세요. 설명해 주세요.
6	どういう 意味(いみ)ですか。 발음[ゆう]	6	무슨 의미입니까?
7	頑張(がんば)りましょう。	7	분발합시다 / 화이팅합시다.

제 3 장

이것은 누구의 것입니까?

これは誰(だれ)のですか。

학습목표(學習目標)

- これは誰(だれ)のですか。
- あれは山田(やまだ)さんの奥(おく)さんのです。

会話 I

中村　：　キムさん、これは何(なん)ですか。

キム　：　それは日本語(にほんご)の本(ほん)です。

中村　：　だれの本ですか。

キム　：　私の日本語の本です。

中村　：　では、あれはだれのですか。

キム　：　あれは山田(やまだ)さんの奥(おく)さんのです。

会話 II

キム　：　あの方(かた)はどなたですか。

中村　：　私(わたし)の韓国語(かんこくご)の先生(せんせい)です。

Key Word

- 日本語(にほんご)の本(ほん)
- 山田(やまだ)さんの奥(おく)さん

解說 회화 Ⅰ

나카무라 : 김씨 이것은 무엇입니까?
김 : 그것은 일본어 책입니다.
나카무라 : 누구의 책입니까?
김 : 제 일본어 책입니다.
나카무라 : 그럼 저것은 누구의 것입니까?
김 : 저것은 야마다씨의 부인 것입니다.

회화 Ⅱ

김 : 저분은 누구십니까?
나카무라 : 저의 한국어 선생님입니다.

ちょっと一休(ひとやす)み

쉬어가는 코너

❖ **일본에서는 도박이 허가됩니까? 왜 일본인은 파칭코를 좋아합니까?**

일본에서는 도박이 금지되어 있으며 카지노도 없다. 그러나 많은 일본인이 공영 경마, 경륜, 오토레이스, 경정 등을 즐긴다.
또한, 파칭코는 많은 사람들이 파칭코를 하면서 스트레스를 해소하고 있지만 때로는 중독이 되어 인생을 실패하는 사람도 있다. 그러나 어떠한 것도 파칭코 산업의 연간 매출을 능가하는 것은 아직 없다.

단어정리와 어구해설

- 私(わたし) : 나
- これ / それ / あれ : 이것 / 저것 / 그것
- 日本語(にほんご)の本(ほん) : 일본어 책
- そうですね : 그렇군요.
- 誰(だれ) : 누구
- 奥(おく)さん : 남의 부인
- の : ~의(조사)
- 方(かた) : 분
- どなた : 어느 분 (どの方(がた) : 어느 분)
- 韓国語(かんこくご)の先生(せんせい) : 한국어 선생님

문형연습 단어정리

- 人(ひと) : 사람
- 友達(ともだち) : 친구
- ボーイフレンド : 남자 친구(보이 프렌드)
- ガールフレンド : 여자 친구(걸 프렌드)
- 机(つくえ) : 책상
- 椅子(いす) : 의자
- のり : 풀

- はさみ : 가위
- 携帯電話(けいたいでんわ) : 휴대전화(일본에서는 핸드폰이라고 쓰지 않고 휴대전화라고 한다. 또는 가타카나와 혼용해서 ケータイ電話(でんわ)라고 쓴다.)

응용회화의 단어정리

- 眼鏡(めがね) : 안경
- 誰(だれ) : 누구
- 時計(とけい) : 시계
- ～も : ～도
- 母(はは) : 나의 어머니(일본인은 자신에 관계된 사람을 이야기 할 때는 아무리 어른이라도 「さん」이라든지 존경의 「お」를 붙이지 않는다.)
- お母(かあ)さん : 남의 어머니
- 父(ちち) : 나의 아버지
- 万年筆(まんねんひつ) : 만년필
- 兄(あに) : 나의 형

ちょっと一休(ひとやす)み

쉬어가는 코너

❖ 오리가미(折り紙 종이접기)

오리가미는 풀이나 가위를 사용하지 않고 종이를 접어 동물이나 꽃 등 다양한 형태를 만들어 내는 일본의 독특한 예술이다. 일본 아이들 대부분이 이것을 배우며 특히 종이학은 대부분의 일본인이 만들 수 있다. 종이학 천 마리를 접어서 실로 연결한 센바즈루(千羽鶴 천 마리의 학)를 환자의 회복을 기원하며 선물하는 관습이 있다. 일본인이 일반적으로 재주가 좋다고 하는 것은 어릴 때부터 종이학을 배우기 때문이라고 하는 사람도 있다. 지금까지 종이학은 각 나라에서 가르치고 있으며, 때로는 기하학(幾何學)의 교재로 사용하는 경우도 있다.

문형연습

- この人(ひと) / その人(ひと) / あの人(ひと) は、誰(だれ)ですか。
- この方(かた) / その方(かた) / あの方(かた) は どなたですか。
- 彼(かれ)は私(わたし)の 友達(ともだち) / ボーイフレンド です。
- 彼女(かのじょ)は私(わたし)の 友達(ともだち) / ガールフレンド です。
- これは何(なん)ですか。 机(つくえ) / 椅子(いす) / のり / はさみ / 時計(とけい) / 携帯電話(けいたいでんわ) です。

こちらは私(わたし)の

- 父(ちち)
- 母(はは)
- 兄(あに)
- 姉(あね)
- 妹(いもうと)
- 弟(おとうと)

です。

あなたの

- お父(とう)さん
- お母(かあ)さん
- お兄(にい)さん
- お姉(ねえ)さん
- 妹(いもうと)さん
- 弟(おとうと)さん

ですか。

ちょっと一休(ひとやす)み

쉬어가는 코너

❖ 오하지키(おはじき 우리나라의 공기와 비슷한 놀이)

오하지키는 어린 여자 아이들의 놀이이다. 원래는 조개껍질이나 작은 돌을 사용했지만 현재는 유리 도자기 또는 플라스틱으로 만든 여러 가지 색깔의 둥글고 작은 것을 사용한다. 먼저 오하지키를 마루에 뿌려 한 명이 두 개의 오하지키를 골라 이것을 손가락으로 나눈다. 그 다음 오하지키를 손가락으로 튕겨서 잘 맞히면 가질 수 있다. 서로 이것을 반복하면서 오하지키를 많이 가진 쪽이 이긴다. 오하지키란 맞힌다는 뜻이다.

응용회화

1	A：これは何(なん)ですか。	A：이것은 무엇입니까?
	B：それは本(ほん)です。	B：그것은 책입니다.
2	A：これも本(ほん)ですか。	A：이것도 책입니까?
	B：はい、そうです。	B：예, 그렇습니다.
	いいえ、それは本(ほん)ではありません。	아니요, 그것은 책이 아닙니다.
3	A：あれは何(なん)ですか。	A：저것은 무엇입니까?
	B：あれは雑誌(ざっし)です。	B：저것은 잡지입니다.
4	A：だれの雑誌(ざっし)ですか。	A：누구의 잡지입니까?
	B：マユミさんの雑誌(ざっし)です。	B：마유미씨의 잡지입니다.
5	A：あなたの日本語(にほんご)の本(ほん)はどれですか。	A：당신의 일본어 책은 어느것입니까?
	B：私(わたし)の本はこれです。	B：나의 책은 이것입니다.
	私(わたし)の本はあれです。	나의 책은 저것입니다.
6	A：この眼鏡(めがね)は誰(だれ)のですか。	A：이 안경은 누구 것입니까?
	B：その眼鏡(めがね)は私の母(はは)のです。	B：그 안경은 제 어머니의 것입니다.

7 A：この時計も金さんのお母さんのですか。 A：이 시계도 김씨의 어머니 것입니까?

B：いいえ、その時計は私の父のです。 B：아니요, 그 시계는 제 아버지의 것입니다.

8 A：万年筆は金さんのお父さんのですか。 A：만년필은 김씨의 아버지 것입니까?

B：いいえ、万年筆は私の兄のです。 B：아니요, 만년필은 제 형의 것입니다.

ちょっと一休み

쉬어가는 코너

❖ **아야토리(あやとり 실뜨기)**

아야토리는 지금도 여자 아이들이 자주 하는 전통적인 놀이이다. 헤이안(平安)시대에 시작되어 에도(江戸)시대에 성행했다. 실을 둥글게 해서 양손의 손목이나 손가락에 걸어 손가락을 조정하면서 다리, 강, 북 등의 모양을 만드는 놀이이다. 혼자서도 할 수 있지만 두 명이 서로 주고 받으면서 놀 수 있다. 영국이나 미국에서도 캣츠 크레이들(Cat's Cradle)이라는 아야토리와 비슷한 놀이가 있으며, 중국이나 뉴질랜드의 마오리족도 비슷한 놀이를 한다.

기본문법과 해설

Ⅰ. 「の」의 사용

1. 조사의 「の」 : ~의

예) 私の車 : 나의 자동차

2. 명사 + 「の」 +명사 (단순하게 명사와 명사를 연결할 때는 해석이 되질 않는다)

예) 日本語の先生 : 일본어 선생님

3. 형식명사의 「の」 : ~의 것

예) 山田さんのです。 : 야마다씨의 것입니다(소유물).

漢字を覚えるのが大変です。 : 한자를 외우는 것이 힘듭니다.

(동사의 연체형에 접속하여 형식명사 역할을 한다.)

Ⅱ. 인칭대명사

1인칭	2인칭	3인칭			
		근칭	중칭	원칭	부정칭
		こ	そ	あ	ど
わたし(私)	あなた	このひと(この人)	そのひと	あのひと	どのひと
		このかた(この方)	そのかた	あのかた	どのかた
ぼく(僕)	きみ(君)			かれ(彼)	だれ(誰)
おれ(俺)	おまえ(お前)			かのじょ(彼女)	どなた

III. 가족관계 (1)

가족이름	나의 가족	남의 가족	가족끼리의 호칭
가족	家族(かぞく)	ご家族(かぞく)	
할아버지	祖父(そふ)	お祖父(じい)さん	おじいさん
할머니	祖母(そぼ)	お祖母(ばあ)さん	おばあさん
아버지	父(ちち)	お父(とう)さん	おとうさん
어머니	母(はは)	お母(かあ)さん	おかあさん
형제	兄弟(きょうだい)	ご兄弟(きょうだい)	
누나(언니)	姉(あね)	お姉(ねえ)さん	おねえさん
형(오빠)	兄(あに)	お兄(にい)さん	おにいさん
여동생	妹(いもうと)	いもうとさん	개인 이름
남동생	弟(おとうと)	おとうとさん	개인 이름
남편	主人(しゅじん)	ご主人(しゅじん)	이름さん·あなた·개인이름
아내	家内(かない)·妻(つま)	奥(おく)さん	
딸	娘(むすめ)	娘(むすめ)さん/お嬢(じょう)さん	개인이름
아들	息子(むすこ)	息子(むすこ)さん/お坊(ぼ)っちゃん	개인이름
손자	孫(まご)	お孫(まご)さん	개인이름
친척	親戚(しんせき)	ご親戚(しんせき)	
숙부(친척남자)	叔父(おじ)	叔父(おじ)さん	おじさん
숙모(친척여자)	叔母(おば)	叔母(おば)さん	おばさん

* 친척이 아닌 아저씨, 아주머니 : おじさん·おばさん

挨拶(あいさつ)(인사말-수업)

1 始(はじ)めましょうか。

はい、始(はじ)めましょう。

2 休(やす)みましょうか。

はい、休(やす)みましょう。

3 終(お)わりましょうか。

はい、終(お)わりましょう。

4 皆(みな)さん、分(わ)かりましたか。

はい、分(わ)かりました。

いいえ、分(わ)かりません。

5 もう一度(いちど)、お願(ねが)いします。

6 質問(しつもん)ありますか。

はい、あります。

いいえ、ありません。

7 よくできました。

8 今日(きょう)は、ここまで。

9 どうも ありがとうございます。

1 시작할까요?

예, 시작해요.

2 쉴까요?

예, 쉬어요.

3 끝낼까요?

예, 끝내요.

4 여러분, 아시겠어요?

예, 알겠습니다.

아니오, 모르겠습니다.

5 다시 한 번 부탁드립니다.

6 질문 있습니까?

예, 있습니다.

아니오, 없습니다.

7 잘 했습니다.

8 오늘은 여기까지…

9 정말 고맙습니다.

제 4 장

얼마입니까?
いくらですか。

학습목표(學習目標)

- いらっしゃいませ。
- コーヒーはいくらですか。
- 少々(しょうしょう)お待(ま)ちください。

会話 I

店員(てんいん)　：　いらっしゃいませ。

お客(きゃく)　：　すみませんが、コーヒーはいくらですか。

店員　：　350円(えん)です。

お客(きゃく)　：　コーヒー 一杯(いっぱい)ください。

店員　：　はい、かしこまりました。
少々(しょうしょう)お待(ま)ちください。

会話 II

キム　：　田中(たなか)さんはどこにいますか。

中村　：　あの店(みせ)のなかにいます。

キム　：　誰(だれ)と一緒(いっしょ)にいますか。

中村　：　田中(たなか)さんのご主人(しゅじん)と一緒(いっしょ)にいます。

Key Word

- 一杯(いっぱい)
- います。
- かしこまりました。

解說 회화 Ⅰ

점원 : 어서오세요.
손님 : 미안합니다만 커피는 얼마입니까?
점원 : 350엔입니다.
손님 : 커피 한 잔 주세요.
점원 : 예, 알겠습니다.
잠시만 기다려 주세요.

회화 Ⅱ

김 : 다나카씨는 어디에 있습니까?
나카무라 : 저 가게 안에 있습니다.
김 : 누구와 함께 있습니까?
나카무라 : 다나카씨의 남편과 함께 있습니다.

단어정리와 어구해설

- 店員(てんいん) : 점원
- いらっしゃい : 어서오세요.
  いらっしゃいませ : いらっしゃい 보다 좀 더 공손한 표현
- すみません : 미안합니다.
- が : ~이지만 / ~인데(서로 반대되는 내용이거나 대립되는 관계의 문장을 연결)
- すみませんが : 미안합니다만 / 죄송합니다만
- いくらですか : 얼마예요? / 얼마입니까?
- 一杯(いっぱい) : 한잔
- ください : 주세요
- かしこまりました : 잘 알겠습니다.
- 少々(しょうしょう)お待(ま)ちください : 잠시만 기다려 주세요(=ちょっと待(ま)ってください)
- に : ~에 「장소 + に」의 문형으로 물건이 존재하는 장소를 나타낸다.
- います : 있습니다(사람/동물의 존재)
  – あります : 있습니다(사물/무생물의 존재)
- 店(みせ) : 가게
- 一緒(いっしょ)に : 함께

문형연습 단어정리

- ピザ : 피자
- ミルク : 우유
- 果物(くだもの) : 과일
- おでん : 어묵

- ネクタイ ： 넥타이
- 靴(くつ) ： 구두
- かばん ： 가방
- 紙(かみ) ： 종이

응용회화의 단어정리

- ラーメン ： 라면
- ケーキ ： 케이크
- アイスクリーム ： 아이스크림
- ハンバーガー ： 햄버거
- コーラ ： 콜라
- 生(なま)ビール ： 생맥주
- ～と ： ~와 / ~과/함께(사람을 나열할때는 「~와 / ~하고」로 해석)

ちょっと一休(ひとやす)み

쉬어가는 코너

❖ 하쯔모우데(初もうで 정월 첫 참배)

대부분의 일본인이 정월 3일 동안 새해에 건강과 행복을 기원하기 위하여 신사에 참배하러 간다. 하쯔모우데란 첫 참배의 의미이다. 메이지진구(明治神宮)와 같은 유명한 신사에서는 해마다 300만 명 이상이 첫 참배를 하러 찾아온다. 신사는 12월 31일 밤 특별히 문을 열어 두기 때문에 그 중에는 마지막 제야의 종을 듣고 바로 나가는 사람들도 있다. 사람들은 거기서 오마모리(お守り부적)나 하마야(破魔矢 잡신을 쫓기 위한 활)를 구입한다. 또 1월 7일까지 칠복신을 모신 사당의 신사를 모두 참배하는 것도 인기가 있으며 장수, 재운, 영업번창, 지혜, 덕망, 승리, 복덕이라는 일곱 가지의 복이 들어 온다고 생각한다.

하쯔모우데는 대부분의 일본인이 기모노(着物)를 입고 참여하므로 근래에는 보기 드문 행사 중의 하나이다.

문형연습

コーヒー ピザ ミルク ケーキ	をください。—	果物(くだもの) すし おでん	をください。

この	おでん ネクタイ 靴(くつ) かばん	はいくらですか。—	300円(えん) 3,600円(えん) 15,800円(えん) 23,000円(えん)	です。

箱(はこ)の	上(うえ) 中(なか) 下(した)	に何(なに)がありますか。— 紙(かみ)があります。

私(わたし)の	前(まえ) 後(うし)ろ	に誰(だれ)がいますか。— 山田(やまだ)さんがいます。

- 部屋(へや)のなかに誰(だれ)がいますか。— 彼女(かのじょ)がいます。

응용회화

1	A：いらっしゃいませ。	A：어서오세요.
	B：すみませんが、ラーメンはいくらですか。	B：미안합니다만 라면은 얼마입니까?
2	A：いらっしゃいませ。	A：어서오세요.
	B：ケーキはいくらですか。	B：케이크는 얼마입니까?
3	A：いらっしゃいませ。	A：어서오세요.
	B：ラーメンはいくらですか。	B：라면은 얼마입니까?
	A：600円です。	A：600엔입니다.
4	A：アイスクリームください。	A：아이스크림 주세요.
	B：はい、かしこまりました。	B：예, 알겠습니다.
	少々(しょうしょう)お待(ま)ちください。	잠시 기다려 주세요.
5	A：すみません。	A：미안합니다.
	ハンバーガーとコーラください。	햄버거와 콜라 주세요.
	B：はい、かしこまりました。	B：예, 알겠습니다.
	少々(しょうしょう)お待(ま)ちください。	잠시 기다려 주세요.
6	A：いらっしゃいませ。	A：어서오세요.
	B：生(なま)ビールください。	B：생맥주 주세요.
	A：はい、かしこまりました。	A：예, 알겠습니다.
	少々(しょうしょう)お待(ま)ちください。	잠시 기다려 주세요.

覚えておきましょう。

- 上(うえ)－中(なか)－下(した) ： 상(위) – 중(가운데) – 하(아래)
- 内(うち)－中(なか)－外(そと) ： 안(속) / 안(속) – 밖
- 前(まえ)－後ろ(うしろ) ： 앞 – 뒤(공간적)
- 前(まえ)－後(あと) ： 전 – 후(시간적)

Ⅰ. 숫자 (1)

1~10	11~20	10~100
1 – いち	11 – じゅういち	10 – じゅう
2 – に	12 – じゅうに	20 – にじゅう
3 – さん	13 – じゅうさん	30 – さんじゅう
4 – よん, し	14 – じゅうよん, じゅうし	40 – よんじゅう
5 – ご	15 – じゅうご	50 – ごじゅう
6 – ろく	16 – じゅうろく	60 – ろくじゅう
7 – なな, しち	17 – じゅうなな, じゅうしち	70 – ななじゅう
8 – はち	18 – じゅうはち	80 – はちじゅう
9 – きゅう, く	19 – じゅうきゅう, じゅうく	90 – きゅうじゅう
10 –じゅう	20 – にじゅう	100 – ひゃく

100~1,000	2,000~10,000	10万~1,000万
100 – ひゃく	2,000 – にせん	10万 – じゅうまん
200 – にひゃく	3,000 – さんぜん	100万 – ひゃくまん
300 – さんびゃく	4,000 – よんせん	1,000万(千万) – せんまん
400 – よんひゃく	5,000 – ごせん	
500 – ごひゃく	6,000 – ろくせん	
600 – ろっぴゃく	7,000 – ななせん	
700 – ななひゃく	8,000 – はっせん	
800 – はっぴゃく	9,000 – きゅうせん	
900 – きゅうひゃく	10,000 – いちまん	
1,000 – せん		

Ⅱ. 조수사

	本(ほん)	枚(まい)	階(かい)	冊(さつ)	個(こ)	台(だい)	匹(ひき)
1	いっぽん	いちまい	いっかい	いっさつ	いっこ	いちだい	いっぴき
2	にほん	にまい	にかい	にさつ	にこ	にだい	にひき
3	さんぼん	さんまい	さんがい	さんさつ	さんこ	さんだい	さんびき
4	よんほん	よんまい	よんかい	よんさつ	よんこ	よんだい	よんひき
5	ごほん	ごまい	ごかい	ごさつ	ごこ	ごだい	ごひき
6	ろっぽん	ろくまい	ろっかい	ろくさつ	ろっこ	ろくだい	ろっぴき
7	ななほん	ななまい	ななかい	ななさつ	ななこ	ななだい	ななひき
8	はちほん (はっぽん)	はちまい	はちかい (はっかい)	はっさつ	はっこ	はちだい	はっぴき
9	きゅうほん	きゅうまい	きゅうかい	きゅうさつ	きゅうこ	きゅうだい	きゅうひき
10	じゅっぽん (じっぽん)	じゅうまい	じゅっかい (じっかい)	じゅっさつ (じっさつ)	じゅっこ (じっこ)	じゅうだい	じゅっぴき (じっぴき)
몇	何本(なんぼん)	何枚(なんまい)	何階(なんがい)	何冊(なんさつ)	何個(なんこ)	何台(なんだい)	何匹(なんびき)

- 本(ほん) : 가늘고 긴 것을 셀 때(연필, 우산, 병, 담배…)
- 枚(まい) : 종이 등 얇고 넓은 것을 셀 때(종이, 접시…)
- 階(かい) : 건물의 층을 셀 때(1층, 2층…)
- 冊(さつ) : 책을 셀 때
- 個(こ) : 물건을 셀 때
- 台(だい) : 기계, 자동차, 컴퓨터 등을 셀 때
- 匹(ひき) : 짐승, 물고기, 벌레 등을 셀 때

제5장

지금 몇 시입니까?

今何時ですか。

학습목표(學習目標)

- 何時からですか。
- 何時までですか。

会話 Ⅰ

中村 : 金さん、日本語の授業(じゅぎょう)は何時(なんじ)からですか。

キム : 朝(あさ)、9時からです。

中村 : では、何時までですか。

キム : 12時までです。

中村 : そうですか。毎日(まいにち)、3時間(じかん)ずつですか。

キム : はい、月曜日(げつようび)から金曜日(きんようび)まで毎日です。

中村 : そうですね。がんばってください。

会話 Ⅱ

キム : 中村さんは 何人(なんにん)ご兄弟(きょうだい)ですか。

中村 : 妹(いもうと)が 一人(ひとり) います。

キム : そうですか。妹(いもうと)さんは高校生(こうこうせい)ですか。

中村 : はい、高校(こうこう) 2年生(ねんせい)です。

Key Word

- ~から
- ~まで
- ~ずつ
- 頑張(がんば)ってください。

解說 회화 Ⅰ

나카무라 : 김씨, 일본어 수업은 몇 시부터입니까?
김 : 아침 9시부터입니다.
나카무라 : 그러면, 몇 시까지입니까?
김 : 12시까지입니다.
나카무라 : 그렇습니까? 매일 3시간씩입니까?
김 : 예, 월요일부터 금요일까지 매일입니다.
나카무라 : 그렇군요. 열심히 하세요.

회화 Ⅱ

김 : 나카무라씨의 형제는 몇 명입니까?
나카무라 : 여동생이 한 명 있습니다.
김 : 그렇습니까? 여동생은 고등학생(고교생) 입니까?
나카무라 : 네, 고등학교(고교) 2학년입니다.

ちょっと一休(ひとやす)み

쉬어가는 코너

❖ 연중 행사 중 재미있는 것은… 하나미(花見 꽃구경)

3월부터 4월에 걸쳐 벚꽃이 만개할 무렵 모든 일본 사람들이 꽃구경을 간다. 벚나무 아래에서 자리를 깔고 가족, 회사의 동료 등과 모임을 갖는다.

단어정리와 어구해설

- 授業(じゅぎょう) : 수업
- 何時(なんじ) : 몇 시
- ~から : ~부터
- ~まで : ~까지
- 授業(じゅぎょう)は何時(なんじ)からですか。 : 수업은 몇 시부터입니까?
- 毎日(まいにち) : 매일
- ずつ : ~씩(일정한 양이나 숫자의 반복을 나타낸다)
- 3時間(じかん)ずつ : 3시간씩
- 月曜日(げつようび)から金曜日(きんようび)まで : 월요일부터 금요일까지
- がんばってください : 힘내세요 / 분발하세요
- 何人(なんにん) : 몇 명
- ご兄弟(きょうだい) : 형제(남의 형제)
- 妹(いもうと) : 여동생(자신의 여동생)
- 一人(ひとり) : 한명
- 高校生(こうこうせい) : 고교생(*「고등학생」이라고 쓰지 않는다)
- 2年生(ねんせい) : 2학년(*「2학년」이 아니라「2년생」이라고 한다)

  1年生(ねんせい)(학년)ー2年生(ねんせい)(2학년)ー3年生(ねんせい)(3학년)
  ー4年生(よねんせい)(4학년)ー5年生(ねんせい)(5학년)ー6年生(ねんせい)(6학년)

응용회화의 단어정리

- ちょうど : 마침(좋은 때)/정각
- ひとり子(ご) : 한사람(무남독녀 혹은 무녀독남, =ひとりっ子(ご))
- 大学生(だいがくせい)(대학생) – 高校生(こうこうせい)(고교생) – 中学生(ちゅうがくせい)(중학생) – 小学生(しょうがくせい)(초등학생)

문 형 연 습

다음을 읽어보세요.

A : 今何時(いまなんじ)ですか。

B : 4時(よじ)10分(じっぷん)です。

(4時(よじ)10分(じっぷん))

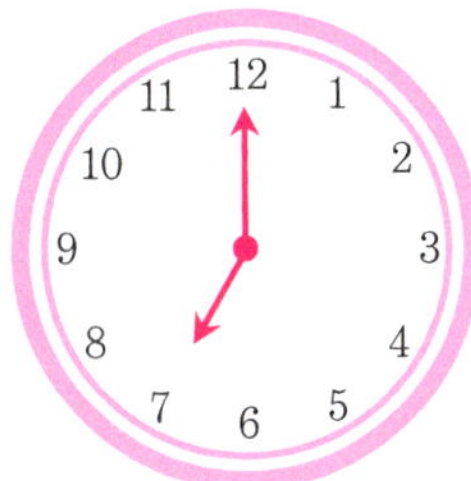

A : 今何時(いまなんじ)ですか。

B : ちょうど 7時(しちじ)です。

(ちょうど 7時(しちじ))

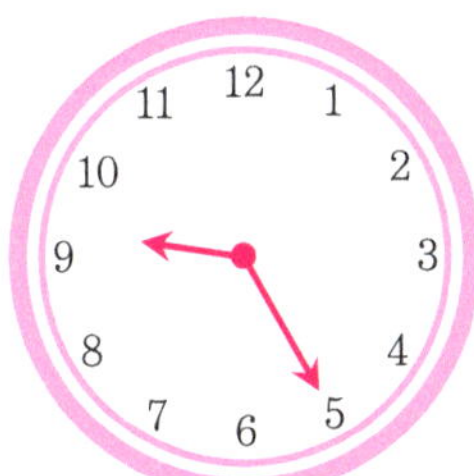

A : 今何時(いまなんじ)ですか。

B : 9時(くじ) 25分(にじゃごふん)です。

時計

1. 学院は何時から何時までですか。
学院は午後1時から4時までです。

2. 銀行は何時から何時までですか。
銀行は午前10時から午後3時までです。

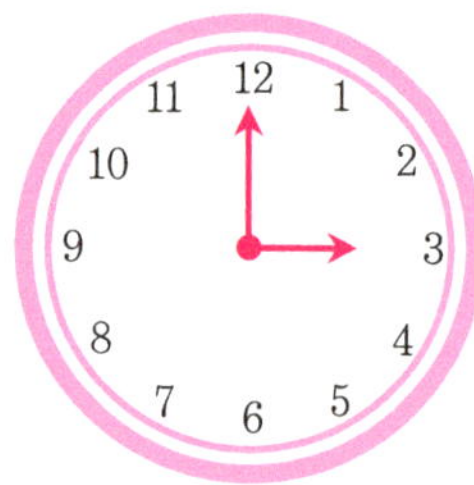

3. デパートは何時から何時までですか。
デパートは午前9時から午後7時までです。

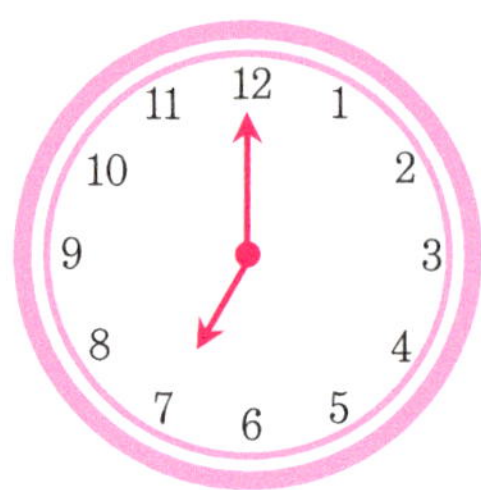

4. 居酒屋は何時から何時までですか。
居酒屋は午後4時から夜中3時までです。

시계해설

1. 학원은 몇 시부터 몇 시까지입니까?
   학원은 오후 1시부터 4시까지입니다.

2. 은행은 몇 시부터 몇 시까지입니까?
   은행은 오전 10시부터 오후 3시까지입니다.

3. 백화점은 몇 시부터 몇 시까지입니까?
   백화점은 오전 9시부터 오후 7시까지입니다.

4. 술집(주점)은 몇 시부터 몇 시까지입니까?
   술집(주점)은 오후 4시부터 새벽 3시까지입니다.

응용회화

1

A：すみません。今(いま)、何時(なんじ)ですか。	A：미안합니다. 지금 몇 시입니까?
B：今(いま)、4時(よじ) 10分です。	B：지금, 4시 10분입니다.

2

A：すみません。今(いま)、何時(なんじ)ですか。	A：미안합니다. 지금 몇 시입니까?
B：今(いま)、7時(しちじ) 30分です。	B：지금, 7시 30분입니다.

3

A：すみません。今(いま)、何時(なんじ)ですか。	A：미안합니다. 지금 몇 시입니까?
B：今(いま)、9時半(くじはん)です。	B：지금, 9시 반입니다.

4

A：すみません。今(いま)、何時(なんじ)ですか。	A：미안합니다. 지금 몇 시입니까?
B：今(いま)、ちょうど 12時です。	B：지금, 정각 12시입니다.
A：ありがとうございます。	A：고맙습니다.
B：どういたしまして。	B：천만에요.

5

A：すみません。今(いま)、何時(なんじ)ですか。	A：미안합니다. 지금 몇 시입니까?
B：今(いま)、5時(ごじ) 20分です。	B：지금, 5시 20분입니다.
A：どうもありがとうございます。	A：정말 고맙습니다.
B：いいえ、どういたしまして。	B：아니요, 천만에요.

6

A：何人(なんにん)ご家族(かぞく) ですか。	A：가족이 몇 명입니까?
B：父(ちち)と 母(はは)と 3人家族(にんかぞく)です。	B：가족이 3명입니다. (아버지와 어머니 3인 가족입니다.)

7

A：何人(なんにん)ご兄弟(きょうだい)ですが。 — A：형제는 몇 명입니까?

B：兄(あに)と 姉(あね)と3人兄弟(にんきょうだい)です。 — B：형과 누나와 3명입니다.
(오빠와 언니 형제가 3명입니다)

8

A：ご兄弟(きょうだい)は いますか。 — A：형제는 있습니까?

B：おとうとが二人(ふたり)います。 — B：남동생이 2명 있습니다.

9

A：ご兄弟(きょうだい)はいますか。 — A：형제는 있습니까?

B：いいえ、一人(ひとり)です/ひとりっごです。 — B：아니오, 혼자입니다.

10

A：妹(いもうと)さんは 大学生(だいがくせい)ですか。 — A：여동생은 대학생입니까?

B：いいえ、高校生(こうこうせい)です — B：아니오, 고교생(고등학생)입니다.

中学生(ちゅうがくせい)です。 — 중학생입니다.

小学生(しょうがくせい)です。 — 초등학생입니다.

ちょっと一休(ひとやす)み

쉬어가는 코너

どんぐりの 背比(せいくら)べ：도토리 키재기

隣(となり)の花(はな)が 赤(あか)い：남의 떡이 커 보인다

花(はな)より だんご：금강산도 식후경

覚(おぼ)えておきましょう。

Ⅰ. 요일

何曜日(なんようび)		
• 日曜日(にちようび) : 일요일	← 많이 쓰이는 다른 例 →	日(ひ)(날)
• 月曜日(げつようび) : 월요일	← 많이 쓰이는 다른 例 →	月(つき)(달)
• 火曜日(かようび) : 화요일	← 많이 쓰이는 다른 例 →	火(ひ)(불)
• 水曜日(すいようび) : 수요일	← 많이 쓰이는 다른 例 →	水(みず)(물) ; お水(みず)(물) 水(みず)ください。(물 좀 주세요.)
• 木曜日(もくようび) : 목요일	← 많이 쓰이는 다른 例 →	木(き)(나무)
• 金曜日(きんようび) : 금요일	← 많이 쓰이는 다른 例 →	金(かね)(돈) ; お金(かね)(돈) お金持(かねも)ち(부자)
• 土曜日(どようび) : 토요일	← 많이 쓰이는 다른 例 →	土(つち)(흙)

※ 月曜日(げつようび)＝月曜(げつよう) : 우리말로는 「월요」라고 말하면 부자연스럽지만 일본에서는 「月曜(げつよう)」라고도 흔히 쓴다.

Ⅱ. 사람/물건을 셀 때

人(ひと)		物(もの)	
1人 – ひとり(한사람)	6人 – ろくにん(여섯사람)	1 – ひとつ(한개)	6 – むっつ(여섯개)
2人 – ふたり(두사람)	7人 – しちにん(일곱사람)	2 – ふたつ(두개)	7 – ななつ(일곱개)
3人 – さんにん(세사람)	8人 – はちにん(여덟사람)	3 – みっつ(세개)	8 – やっつ(여덟개)
4人 – よにん(네사람)	9人 – きゅうにん(아홉사람)	4 – よっつ(네개)	9 – ここのつ(아홉개)
5人 – ごにん(다섯사람)	10人 – じゅうにん(열사람)	5 – いつつ(다섯개)	10 – とお(열개)

III. 시간

何時(なんじ)	何分 (なんぷん)	
1時 – いちじ	1分 – いっぷん	2分 – にふん
2時 – にじ	3分 – さんぷん	4分 – よんぷん
3時 – さんじ	5分 – ごふん	6分 – ろっぷん
4時 – よじ	7分 – ななふん	8分 – はっぷん
5時 – ごじ	9分 – きゅうふん	
6時 – ろくじ	10分 – じゅっぷん, じっぷん	
7時 – しちじ	20分 – にじゅっぷん, にじっぷん	
8時 – はちじ	30分 – さんじゅっぷん, さんじっぷん	
9時 – くじ	40分 – よんじゅっぷん, よんじっぷん	
10時 – じゅうじ	50分 – ごじゅっぷん, ごじっぷん	
11時 – じゅういちじ	60分 – ろくじゅっぷん, ろくじっぷん	
12時 – じゅうにじ		

※ 5時 30分(ぷん) = 5時半(はん)

※ 초(秒)는 숫자에다가 秒(びょう)만 붙이면 된다. → 1초(秒(びょう))…60초(60秒(びょう))

ちょっと一休(ひとやす)み

쉬어가는 코너

頭(あたま)かくして しり かくさず : 눈 가리고 아웅

あばたも えくぼ : 제 눈에 안경

急(いそ)がば まわれ : 급할수록 돌아가라

挨拶(あいさつ)(인사말–수업)

1	出席(しゅっせき)をとります。	출석을 부르겠습니다.
	金(きん)さんは欠席(けっせき)ですか。	김씨는 결석입니까?
2	分(わ)かりますか。	알겠습니까?
	はい、分(わ)かります。	예, 압니다.
	いいえ、分(わ)かりません。	아니요, 모릅니다.
3	分(わ)かりましたか。	이해했습니까?
	はい、分(わ)かりました。	예, 이해했습니다.
	いいえ、分(わ)かりません。	아니요, 이해 못했습니다.
4	知(し)っていますか。	알고 있습니까?
	はい、知(し)っています。	네, 알고 있습니다.
	いいえ、知(し)りません。	아니요, 모릅니다.
5	覚(おぼ)えてください。	외워두세요.
	忘(わす)れないでください。	잊지 말아 주세요.
6	大切(たいせつ)です。重要(じゅうよう)です。	중요합니다.
	基本(きほん)です。	기본입니다.

제 6 장

생일이 언제입니까?

お誕生日(たんじょうび)はいつですか。

학습목표(學習目標)

- お誕生日はいつですか。
- つまらないものですが。
- おめでとうございます。

会話 Ⅰ

マユミ ： キムさん、お誕生日(たんじょうび)はいつですか。

キム ： 誕生日(たんじょうび)ですか。

実(じつ)は明日(あした)です。

マユミ ： 本当(ほんとう)に!!! 明日(あした)は四月三日(しがつみっか)でしょう。

では、明日(あした)パーティでもしましょう。

会話 Ⅱ

マユミ ： キムさん、

これ、つまらないものですが、どうぞ。

キム ： どうもありがとうございます。

ハナコ ： 金さん、お誕生日(たんじょうび)、おめでとうございます。

これ、プレゼント。どうぞ。

キム ： どうも。

Key Word

- お誕生日(たんじょうび)
- お目(め)でとう(ございます)
- どうぞ

解說 회화 Ⅰ

마유미 : 김씨, 생일은 언제입니까?
김 : 생일 말입니까?
실은 내일 입니다.
마유미 : 정말로요? 내일은 4월 3일이지요.
그럼 내일 파티라도 해요.

회화 Ⅱ

마유미 : 김씨,
이것 변변치 않은 것이지만 받아 주세요.
김 : 정말 감사 합니다.
하나코 : 김씨, 생일 축하드립니다.
이거 선물이예요. 받으세요.
김 : 정말 감사합니다.

ちょっと一休(ひとやす)み

쉬어가는 코너

❖ 다루마(오뚝이)

다루마는 선종을 일으킨 인도의 승려 달마(達磨)의 모습을 본뜬 넘어져도 일어나는 오뚝이 인형이다. 달마는 돌 위에 앉아서 돌 벽을 보고 9년 동안 좌선을 계속했다. 오랜 시간 그 자세를 해 왔기 때문에 득도를 했을 때에는 손발이 마비되었다고 한다. 그 때문에 다루마에는 손발이 없다. 사람들은 소원이 있을 때 다루마의 칠전팔기의 정신으로 끈기 있게 도전 할 수 있도록 빌며 이것을 산다. 또 다루마의 눈에는 검은 눈동자가 그려져 있지 않다. 산 사람이 소원을 빌면서 한쪽 눈을 그리고 소원이 이루어지면 다른 한쪽의 눈을 그리기 위해서다.

단어정리와 어구해설

- 誕生日(たんじょうび) ： 생일
- いつですか ： 언제입니까?
- 明日(あした) ： 내일
- 実(じつ)は ： 실은…
- 本当(ほんとう)に ： 정말로
- パーティ ： 파티
- つまらないものですが、どうぞ ： 변변치 않은 것이지만 받아 주세요.
- どうもありがとうございます ： 감사합니다.
- おめでとうございます ： 축하드립니다.

※ 新年(しんねん)　明(あ)けまして、お目(め)でとうございます：삼가 새해 축하드립니다.

- プレゼント ： 선물
- どうぞ ： 제발, 부디(Please)
- どうも ： 고맙습니다(Thank you)

문형연습 단어정리

- 日本語(にほんご)のテスト ： 일본어 테스트
- 休暇(きゅうか) ： 휴가
- 出張(しゅっちょう) ： 출장
- 新学期(しんがっき) ： 신학기

- 日本語(にほんご)のテスト : 일본어 시험
- 単語(たんご)のテスト : 단어 테스트
- コンサート : 콘서트
- 出張(しゅっちょう) : 출장
- 期末(きまつ)テスト : 기말테스트
- 何年生(なんねんう)まれですか : 몇 년에 태어나셨습니까? / 몇 년생이세요?

응용회화의 단어정리

- 夏休(なつやす)み : 여름 방학 / 여름 휴가
- 冬休(ふゆやす)み : 겨울 방학 / 겨울 휴가
- おいくつですか : 몇 살이십니까?
- 今年(ことし) : 올해

ちょっと一休(ひとやす)み

쉬어가는 코너

❖ 마네끼네코(招き描)

마네끼네코는 고양이 모양을 한 도기(陶器) 장식물로 레스토랑이나 상점 입구에 놓는다. 고양이는 사람과 복을 부른다고 생각한다. 그 때문에 마네끼네코는 한 쪽 다리를 들어 사람과 복을 불러들이는 모습을 하고 있다. 오른 발을 들고 있는 고양이는 복을 왼발을 들고 있는 고양이는 돈을 부른다고 한다.

문형연습

- 日本語(にほんご)のテスト / 単語(たんご)のテスト / コンサート / 誕生日(たんじょうび) はいつですか。— 今日(きょう) / 明日(あした) / あさって / しあさって です。

- 夏休(なつやす)み / 冬休(ふゆやす)み / 休暇(きゅうか) / 出張(しゅっちょう) / 新学期(しんがっき) / 期末(きまつ)テスト はいつからです。— 7月(しちがつ) / 12月(がつ) / 今週(こんしゅう)の土曜日(どようび) / 今月(こんげつ)の5日(いつか) / 3月(さんがつ) / 9月(くがつ) / 来週(らいしゅう)の月曜(げつよう) からです。

- A：鈴木(すずき)さんは何年(なんねん)生(う)まれですか。

  B：1992年 12月 24日 / 1986年 9月 20日 / 1972年 7月 11日 / 1966年 10月 23日 生(う)まれです。

응용회화

1	A：お誕生日(たんじょうび)はいつですか。	A：생일은 언제입니까?
	B：私の誕生日(たんじょうび)は明日(あした)です。	B：제 생일은 내일입니다.
2	A：テストは明日(あした)ですか。	A：시험은 내일입니까?
	B：いいえ、テストはあさってです。	B：아니요, 시험은 모레입니다.
3	A：日本語(にほんご)の試験(しけん)はあさってですか。	A：일본어 시험은 모레입니까?
	B：いいえ、日本語の試験は明日です。	B：아니요, 일본어 시험은 내일입니다.
4	A：子供(こども)の日(ひ)はいつですか。	A：어린이날은 언제입니까?
	B：子供の日は5月5日(ごがついつか)です。	B：어린이날은 5월 5일입니다.
5	A：母(はは)の日(ひ)はいつですか。	A：어버이날은 언제입니까?
	B：母の日は5月8日(ごがつようか)です。	B：어버이날은 5월 8입니다.
6	A：夏休(なつやす)みはいつからですか。	A：여름 방학은 언제부터입니까?
	B：夏休みは7月(しちがつ)からです。	B：여름 방학은 7월부터입니다.
7	A：冬休(ふゆやす)みはいつからですか。	A：겨울 방학은 언제부터입니까?
	B：冬休(ふゆやす)みは12月(がつ)からです。	B：겨울 방학은 12월부터입니다.
8	A：金さんのお姉(ねえ)さんはおいくつですか。	A：김씨의 누나는 몇 살입니까?
	B：私の姉(あね)は今年(ことし)23才(さい)です。	B：제 누나는 올해 23살입니다.

覚(おぼ)えておきましょう。

Ⅰ. 과거와 현재

	과거	현재	미래		
おととい ←	昨日(きのう) ←	今日(きょう) →	明日(あした) →	あさって →	しあさって
先々週(せんせんしゅう) ←	先週(せんしゅう) ←	今週(こんしゅう) →	来週(らいしゅう) →	再来週(さらいしゅう)	
先先月(せんせんげつ) ←	先月(せんげつ) ←	今月(こんげつ) →	来月(らいげつ) →	再来月(さらいげつ)	
一昨年(いっさくねん) ←	去年(きょねん)/昨年(さくねん) ←	今年(ことし) →	来年(らいねん) →	再来年(さらいねん)	

Ⅱ. 월(月)

何月(なんがつ)		
1月 – いちがつ	5月 – ごがつ	9月 – くがつ
2月 – にがつ	6月 – ろくがつ	10月 – じゅうがつ
3月 – さんがつ	7月 – しちがつ	11月 – じゅういちがつ
4月 – しがつ	8月 – はちがつ	12月 – じゅうにがつ

Ⅲ. 일(日)

何日 (なんにち)		
1日 – ついたち	11日 – じゅういちにち	21日 – にじゅういちにち
2日 – ふつか	12日 – じゅうににち	22日 – にじゅうににち
3日 – みっか	13日 – じゅうさんにち	23日 – にじゅうさんにち
4日 –よっか	14日 – じゅうよっか	24日 – にじゅうよっか
5日 –いつか	15日 – じゅうごにち	25日 – にじゅうごにち
6日 –むいか	16日 – じゅうろくにち	26日 – にじゅうろくにち
7日 –なのか	17日 – じゅうしちにち	27日 – にじゅうしちにち
8日 –ようか	18日 – じゅうはちにち	28日 – にじゅうはちにち
9日 –ここのか	19日 – じゅうくにち	29日 – にじゅうくにち
10日 –とおか	20日 – はつか	30日 – さんじゅうにち
		31日 – さんじゅういちにち

제7장

싸고 맛있습니다.

安(やす)くておいしいです。

학습목표(學習目標)

- いくらですか。
- みっつください。
- どうですか。

会話 Ⅰ

果物屋(くだものや)で

中村　：　このりんごはいくらですか。

店員(てんいん)　：　みっつで、3000ウォンです。

中村　：　おいしいですか。

店員(てんいん)　：　はい、おいしいです

中村　：　では、みっつください。

会話 Ⅱ

中村　：　キムさん、日本語(にほんご)は難(むずか)しいですか。

キム　：　いいえ、あまり難(むずか)しくはありません。

おもしろいです。

中村さんの韓国語(かんこくご)はどうですか。

中村　：　少(すこ)し難(むずか)しいですが　おもしろいです。

Key Word

- みっつください
- おいしい
- おもしろい

解說 회화 Ⅰ

과일가게에서

나카무라 : 이 사과는 얼마입니까?
점원 : 3개에 3000원입니다.
나카무라 : 맛있습니까?
점원 : 네, 맛있습니다.
나카무라 : 그럼, 3개 주세요.

회화 Ⅱ

나카무라 : 김씨, 일본어는 어렵습니까?
김 : 아니요, 그다지 어렵지 않습니다.
재밌습니다.
나카무라씨의 한국어는 어떻습니까?
나카무라 : 조금 어렵지만, 재밌습니다.

ちょっと一休(ひとやす)み

쉬어가는 코너

❖ **게이샤(藝者 기생)**

게이샤는 아티스트라 직역할 수 있는 일본의 전통적인 오락 예능인(일본 무용, 민요, 악기, 다도 등을 습득한) 여성을 말한다. 제2차 세계대전에 패할 때까지 일본에서는 가난으로 고생하는 많은 사람들이 생활을 위하여 여자 아이가 포주집에 팔려 가는 경우가 자주 있었다. 요즘은 여성 자신이 게이샤의 길을 선택하고 있다. 잘 훈련된 진정한 게이샤는 전통 예능의 후계자로 존중받고 있다. 게이샤의 수는 줄고 있지만 쿄토에서는 아직도 많은 게이샤와 견습생인 마이코(舞技)가 있다. 아더 고든이 쓴 미국 베스트셀러 「사유리 さゆり」가 게이샤의 붐을 재연했다.

단어정리와 어구해설

- 果物屋(くだものや)で ： 과일가게에서
- ~屋(や) ： ~가게 / ~집(「명사 + 屋(や)」：「~집」/ パン屋(や)(빵가게), 花屋(はなや)(꽃가게), 薬屋(くすりや)(약국)…)
- 果物(くだもの) ： 과일
- りんご ： 사과
- みっつ ： 3개
- みっつください ： 3개주세요
- おいしいですか ： 맛있습니까?
- 難(むずか)しい ： 어렵다 ↔ やさしい 쉽다
- 少(すこ)し ： 조금
- 難(むずか)しいです ： 어렵다
- あまり ： 그다지(뒤에 부정을 수반하여 그다지~하지 않다)
- あまり難(むずか)しくはありません。 ： 그다지 어렵지 않습니다.
- おもしろい ： 재미있다.
- どうですか ： 어떻습니까?
- 少(すこ)し難(むずか)しいですが おもしろいです。 ： 조금 어렵지만, 재미있습니다.

문형연습 단어정리

- 黒(くろ)い帽子(ぼうし) ： 검은 모자
- かわいい時計(とけい) ： 귀여운 시계
- さとう ： 설탕

- しぶがき : 떫은감
- す(酢(す)) : 식초
- とうがらし : 고추
- しお(塩(しお)) : 소금
- くすり(薬(くすり)) : 약

응용회화의 단어정리

- 背(せ) : 키(「키가 크다」는 *「背(せ)が高(たか)い」라고 표현한다)
- 高(たか)い : 비싸다 / 높다 / 키가 크다.
- 甘(あま)い : 달다
- 大(おお)きい : 크다
- 新(あたら)しい : 새롭다
- 古(ふる)い : 낡다 / 오래되다
- 赤(あか)いりんごをください。 : 빨간 사과를 주세요.
- 味(あじ) : 맛
- 味(あじ)はどうですか。 : 맛은 어떻습니까?
- 冷(つめ)たくて : 차갑고 / 차가워서
- うまい : 맛있다(=おいしい) / 능숙하다(=上手(じょうず)だ)
- 甘(あま)ければよかったのに… : 달다면 좋을텐데…
- からい : 맵다
- しおからい : 짜다
- すっぱい : 시다
- しぶい : 떫다
- にがい : 쓰다

문형연습

● あの [黒(くろ)い帽子(ぼうし) / 赤(あか)いコート / かわいい時計(とけい) / 大(おお)きいかばん] は だれのですか。— 彼(かれ)の [お父(とう)さん / お母(かあ)さん / 妹(いもうと)さん / 弟(おとうと)さん] のです。

あの	は だれのですか。— 彼(かれ)の		のです。
黒(くろ)い帽子(ぼうし)		お父(とう)さん	
赤(あか)いコート		お母(かあ)さん	
かわいい時計(とけい)		妹(いもうと)さん	
大(おお)きいかばん		弟(おとうと)さん	

● あの [黒(くろ)い帽子(ぼうし) / 赤(あか)いコート / かわいい時計(とけい) / 大(おお)きいかばん] は だれのですか。— 彼(かれ)の [お父(とう)さん / お母(かあ)さん / 妹(いもうと)さん / 弟(おとうと)さん] のです。

● [さとう / しぶがき / す / とうがらし / しお / くすり] の 味(あじ)は どうですか。— [あまい / しぶい / すっぱい / からい / しおからい / にがい] です。

기본형		부정	중지	가정
あまい		あまくない	あまくて	あまければ
しぶい		しぶくない	しぶくて	しぶければ
すっぱい		すっぱくない	すっぱくて	すっぱければ
からい		からくない	からくて	からければ
しおからい		しおからくない	しおからくて	しおからければ
にがい		にがくない	にがくて	にがければ

ちょっと一休(ひとやす)み

쉬어가는 코너

❖ 닌자(忍者)

닌자의 뜻은 숨는 사람, 변장하고 있는 사람의 의미이다. 그들은 폐쇄적인 산촌에서 단결하여 사는 독립된 존재로 특별한 훈련을 받아 비밀 첩보원이나 암살자와 같은 일을 했다. 닌자는 무사에 고용되는 경우가 많았고 정보를 비밀리에 모으거나 적을 암살하기도 했다. 일본이 토쿠가와(德川) 막부하에 평화로운 시절이 되자 그들도 점점 소멸되어 지금은 시대극 정도에서 볼 수 있다.

응용회화

1	A：ハンさんは背(せ)が高(たか)いですか。	A：한씨는 키가 큽니까?
	B：あまり高(たか)くないです。	B：그다지 크지 않습니다.
2	A：このかきは甘(あま)いですか。	A：이 감은 답니까?
	B：甘(あま)くて大(おお)きいです。	B：달고 큽니다.
3	A：靴(くつ)は新(あたら)しいですか。	A：구두는 새것입니까?
	古(ふる)いですか。	오래된 것입니까?
	B：新(あたら)しくも古(ふる)くもありません。	B：새것도 오래된 것도 아닙니다.
4	A：赤(あか)いりんごをください。	A：빨간 사과를 주세요.
	B：はい、おいしいりんごですよ。	B：네, 맛있는 사과예요.
5	A：味(あじ)はどうですか。	A：맛은 어떻습니까?
	B：冷(つめ)たくて、おいしいです。	B：차고, 맛있습니다
	もう少(すこ)し甘(あま)ければいいのに。。。	좀 더 달아도 좋을텐데...
6	A：甘(あま)いのは何(なに)がありますか。	A：단 것은 무엇이 있습니까?
	からいのは何(なに)がありますか。	매운 것은 무엇이 있습니까?
	しおからいのは何(なに)がありますか。	짠 것은 무엇이 있습니까?
	すっぱいのは何(なに)がありますか。	신 것은 무엇이 있습니까?
	しぶいのは何(なに)がありますか。	떫은 것은 무엇이 있습니까?
	にがいのは何(なに)がありますか。	쓴 것은 무엇이 있습니까?

기본문법과 해설

Ⅰ. 형용사

1. 형용사의 특징

1) 자립어(自立語)이다.
2) 단독으로 술어(述語)가 될 수 있다.
3) 어미 활용이 있다.
4) 어미는 모두 「~い」로 끝난다.
5) 사물의 성질이나 상태 등을 나타낸다.

2. 형용사의 활용(1)

→ 형용사의 어미는 단어 끝의 「い」이고 어간은 그 나머지 부분이다.
즉 사물의 성질/상태를 나타내며 기본형은 「い」로 끝난다.

–성질 : 甘(あま)い(달다) 白(しろ)い(하얗다) 長(なが)い(길다)

–상태 : 痛(いた)い(아프다) よい(좋다) うれしい(기쁘다)

→ 1) 긍정 : 「~い + です。」 (~입니다)
2) 부정 : 「어간 + くない / く(は)ありません。」 (~이 아닙니다)
3) 의문 : 「~いですか。」 (~입니까)
4) 중지 : 「어간 + くて」 (~이고 / ~이어서)
5) 명사수식 : 「~い + 名」
6) 연속부정 : 「어간 + くも, 어간 + くもない / ~くも~くもありません。」 (~도~도 아닙니다)

Ⅱ. 숫자

ひとつ→ふたつ→みっつ→よっつ→いつつ : (하나 / 한개 → 다섯 / 다섯개)
むっつ→ななつ→やっつ→ここのつ→とお : (여섯 / 여섯 개 → 열 / 열개)

覚えておきましょう。

형용사

형 용 사			
暑い－덥다	多い－많다	細い－가늘다	高い－①비싸다 ②높다
寒い－춥다	少ない－적다	太い－두껍다	安い－①싸다
暖かい－따뜻하다	軽い－가볍다	大きい－크다	低い－②낮다
涼しい－시원하다	重い－무겁다	小さい－작다	寂しい－쓸쓸하다
冷たい－차갑다	美しい－아름답다	広い－넓다	痛い－아프다
長い－길다	嬉しい－기쁘다	狭い－좁다	おいしい－맛있다
短い－짧다	悲しい－슬프다	嬉しい－기쁘다	まずい－맛없다

ちょっと一休み

쉬어가는 코너

一難 去って また 一難 : 산 너머 산

一を聞いて 十を知る。 : 하나를 들으면 열을 안다

一寸 先は やみ。 : 한치 앞도 모른다

挨拶(あいさつ)(인사말-식사)

1	どうぞ どうも	1	아무쪼록/부디/어서(Please) 정말/참/매우(Thank you)
2	いただきます。 ごちそうさま(でした)。	2	잘 먹겠습니다. 잘 먹었습니다.
3	どうも ありがとうございます。 どうもありがとうございます。	3	「정말 미안합니다 / 정말 고맙습니다 / 정말 실례했습니다」의 함축된 말씨 고맙습니다. 정말 고맙습니다.
4	どういたしまして。	4	천만에요.
5	うまいですね。 おいしいですね。	5	맛있군요.
6	お茶(ちゃ)(コーヒー/コーラ)いかがですか。 お茶(ちゃ)(コーヒー/コーラ)お願(ねが)いします。	6	차(커피/콜라) 어떠십니까? 차(커피/콜라)부탁합니다.
7	いいです。	7	좋습니다(괜찮습니다).
8	大丈夫(だいじょうぶ)です。	8	괜찮습니다.

제 8 장

여행이 즐거웠습니다.

旅行(りょこう)は楽(たの)しかったです。

학습목표(學習目標)

- 旅行(りょこう)は楽(たの)しかったです。
- 天気(てんき)も良(よ)かったです。
- 景色(けしき)も美(うつく)しかったです。

会話 Ⅰ

キム　：　旅行(りょこう)はどうでしたか。

中村　：　とっても良(よ)かったです。

天気(てんき)も良(よ)かったし、景色(けしき)も美(うつく)しかったです。

キム　：　楽(たの)しかったですか。

中村　：　ええ、楽(たの)しい旅行(りょこう)でした。

キム　：　誰(だれ)と一緒(いっしょ)に行(い)きましたか。

中村　：　親戚(しんせき)と一緒(いっしょ)に行(い)きました。

会話 Ⅱ

キム　：　タイも良(よ)かったですか。

中村　：　いいえ、良(よ)くなかったです。

天気(てんき)も良(よ)くなかったし、食(た)べ物(もの)も良(よ)くなかったです。

Key Word

- 良(よ)かった。/ 良(よ)くなかった。
- 楽(たの)しかった。

解說 회화 I

김 : 여행은 어땠습니까?
나카무라 : 정말 좋았습니다.
날씨도 좋았고, 경치도 아름다웠습니다.
김 : 즐거웠습니까?
나카무라 : 네, 즐거운 여행이었습니다.
김 : 누구와 함께 갔습니까?
나카무라 : 친척과 함께 갔습니다.

회화 II

김 : 태국도 좋았습니까?
나카무라 : 아니요, 좋지 않았습니다.
날씨도 좋지 않았고, 음식도 별로였습니다(좋지 않았습니다).

ちょっと一休(ひとやす)み

쉬어가는 코너

❖ **일본의 온천은…**

일본인이 가장 즐기는 여가는 온천이 있는 여관에 머무는 것이다. 옥외에 있는 온천을 노천 온천이라 하며 모든 사람들에게 사랑을 받고 있다. 손님을 끌기 위하여 노천 온천을 신설하는 여관도 많이 있다. 일본에는 화산의 부산물인 많은 온천이 있는데 대부분이 류마티스, 고혈압 등 병에 효과가 있다는 미네랄 성분을 갖고 있다. 산의 설경을 보면서 뜨거운 노천 온천에 몸을 담그며 뜨거운 술을 마시는 것이 큰 즐거움이라는 사람도 있다.

단어정리와 어구해설

- 旅行(りょこう) : 여행
- とっても : 「とても」의 강조 ① 대단히 / 매우 / 몹시 / ② 아무리해도
- 良(よ)かった : 좋았다 ↔ 良(よ)くなかった(좋지 않았다)
- 天気(てんき) : 날씨
- ~し : ~하고(「~も~し, ~し」의 문형으로, 비슷한 사물을 열거할 때 사용)
- 景色(けしき) : 경치
- 美(うつく)しい : 아름답다
- 楽(たの)しい : 재미있다 / 즐겁다
- 楽(たの)しかったですか。 : 즐거웠습니까?
- 楽(たの)しい旅行(りょこう)でした : 즐거운 여행이었습니다.
- 一緒(いっしょ)に : 함께
- 親戚(しんせき) : 친척(=「親類(しんるい)」 / 친척)
- 親戚(しんせき)と一緒(いっしょ)に行(い)きました。 : 친척과 함께 갔습니다.
- タイ : 태국
- 良(よ)くなかった : 좋지 않았다

  「よい(좋다) → よくない(좋지 않다) → よくなかった(좋지 않았다)」
- 食(た)べ物(もの) : 음식 / 먹을거리

문형연습 단어정리

- 甘(あま)い : 달다.
- 辛(から)い : 맵다.
- 塩辛(しおから)い : 짜다.
- すっぱい : 시다.
- 苦(にが)い : 쓰다.

응용회화의 단어정리

- 車(くるま) : 자동차 = (「自動車(じどうしゃ)」)
- 新(あたら)しい : 새롭다

ちょっと一休(ひとやす)み

쉬어가는 코너

❖ **일본의 공중 목욕탕이나 온천에서는 남녀가 같이 목욕을 할까?**

"No" 그렇지 않다. 다만 에도시대까지는 많은 공중 목욕탕이나 온천이 입구에는 남녀 구분이 있어도 내부는 혼욕이었다고 한다. 지금도 온천에서는 혼욕을 하는 곳이 조금 있지만 대부분 나이가 많은 여성만 들어 간다고 한다.

문형연습

食べ物(たべもの)はどうですか。

甘(あま)い	です。	甘(あま)くない	です。
辛(から)い		辛(から)くない	
塩辛(しおから)い	⇔	塩辛(しおから)くない	
すっぱい		すっぱくない	
苦(にが)い		苦(にが)くない	

食べ物(たべもの)はどうでしたか。

甘(あま)かった	です。	甘(あま)くなかった	です。
辛(から)かった		辛(から)くなかった	
塩辛(しおから)かった	⇔	塩辛(しおから)くなかった	
すっぱかった		すっぱくなかった	
苦(にが)かった		苦(にが)くなかった	

응용회화

1 A：金さんの車は新しいのですか。　　A：김씨의 차는 새것입니까?

B：はい、私の車は新しいのです。　　B：예, 제 차는 새 차입니다.

いいえ、私の車は新しいのじゃありません。　　아니요, 제 차는 새 차가 아닙니다.

2 A：コンサートはどうでしたか。　　A：콘서트는 어땠습니까?

B：とっても良かったです。　　B：정말 좋았습니다.

あまり良くなかったです。　　그다지 좋지 않았습니다.

3 A：果物はおいしかったですか。　　A：과일은 맛있었습니까?

B：はい、おいしかったです。　　B：네, 맛있었습니다.

いいえ、おいしくなかったです。　　아니요, 맛있지 않았습니다.

4 A：食べ物はどうでしたか。　　A：음식은 어땠습니까?

B：おいしい食べ物でした。　　B：맛있는 음식이었습니다.

食べ物は おいしかったです。　　음식은 맛있었습니다.

食べ物は おいしくなかったです。　　음식은 맛있지 않았습니다.

5 A：どんな旅行でしたか。　　A：어떤 여행이었습니까?

B：楽しい旅行でした。　　B：즐거운 여행이었습니다.

旅行は楽しかったです。　　여행은 즐거웠습니다.

기본문법과 해설

Ⅰ. 형용사의 활용(2)

1. 형용사의 과거

1)「형용사의 어간 + かった」: 과거

→ 과거 상황은 → 형용사 어미「い」를「형용사 어간 + かった」로 변화시켜 말한다.

例) 暖(あたた)かい(따뜻하다) → 暖(あたた)かかった(따뜻했다/따뜻했었다)

涼(すず)しい(시원하다) → 涼(すず)しかった(시원했다/시원했었다)

→ 과거의 상황을 경어체로 말 할 때는「형용사 어간 + かった」에 조동사「です」를 추가해서 말한다. 즉,「형용사 기본형 + でした」라는 표현은 없다.

例) 暑(あつ)いでした。(×) → 暑(あつ)かったです。(○)

2)「형용사 어간 + かったら」: 가정조건

→「형용사 어간 + かったら」의 가정조건 표현은 말하는 사람의 의사가 강하게 나타내는「충고, 명령, 권유, 의지, 희망」등의 표현에 사용한다.

例) おいしい(맛있다) → おいしかったら(맛있으면/맛있거든)

大(おお)きい(크다) → 大(おお)きかったら(크면/크거든)

3)「형용사 어간 + かったり」: 나열

→「~하기도하고, ~하기도 하는」반복적인 표현을 할 때「형용사 어간 + かったり」「형용사 어간 + かったり」로 활용한다

例) 大(おお)きい(크다)小(ちい)さい(작다) → 大(おお)きかったり小(ちい)さかったり(컸다 작았다~)

→ 활용

よい(좋다)

よ	+	かろう	(좋겠지/좋을 것이다)	〈추측〉
	+	かった	(좋았다/좋았었다)	〈과거〉
	+	かったら	(좋으면/좋다면/좋았다면)	〈가정조건〉
	+	かったり	(좋기도 하고)	〈나열〉
	+	くない	(좋지 않다)	〈부정〉
	+	くなる	(좋아진다)	〈부사용법〉
	+	くて	(좋고/좋아/좋아서)	〈중지법〉
	+	く	(좋게/잘)	〈부사용법〉
	+	い	(좋다)	〈기본형〉
	+	い+時(とき)	(좋은 때)	〈연체형〉
	+	ければ	(좋으면/좋다면)	〈가정형〉

ちょっと一休(ひとやす)み

쉬어가는 코너

失敗(しっぱい)は 成功(せいこう)のはは : 실패는 성공의 어머니

聞(き)くは 一時(いちじ)の はじ 聞(き)かぬは 一生(いっしょう)の はじ : 묻는 것은 한때의 수치 모르면 평생 수치

覚えておきましょう。

Ⅰ. 과일

果物(과일)							
りんご	사과	すいか	수박	かき	감	くり	밤
なし	배	もも	복숭아	あまがき	단감	なつめ	대추
みかん	귤	すもも	자두	しぶがき	떫은 감	バナナ	바나나
ぶどう	포도	うめ	매실	ほしがき	곶감	メロン	메론
いちご	딸기			じゅくし	홍시		

Ⅱ. 맛

味(맛)					
甘い	달다	塩辛い	짜다	苦い	쓰다
辛い	맵다	すっぱい	시다	しぶい	떫다

ちょっと一休み

쉬어가는 코너

❖ 오세치 요리(おせち料理)

오세치 요리는 정월 3일 동안 먹는 특별한 음식이다. 대부분의 오세치 요리는 여성들이 3일 동안은 가사일을 쉴 수 있도록 하기 위하여 최저 3일 동안은 보관될 수 있도록 만들었다. 다양한 요리를 아름다운 4단 찬합에 넣는다. 지방에 따라 차이는 있지만 모든 지방에서 공통적으로 들어가는 요리가 있다.

음식에는 사람들의 기원이 담긴 축하의 의미가 있는데, 예를 들면, 청어알 말린 것은 자손의 번영의 의미, 검은 콩은 건강의 의미, 새우는 구부러진 모습이 노인을 연상케 하기 때문에 장수의 의미를 나타낸다.

제 9 장

나는 스포츠가 좋습니다.

私はスポーツが好きです。

학습목표(學習目標)

- 静かで、きれいな山でした。
- 山登りが好きですか。

会話

キム　：　先週は何をしましたか。

中村　：　山登りをしました。

キム　：　どうでしたか。

中村　：　静かで、きれいな山でした。

どころで、ソラクサンは有名な山ですか。

キム　：　ええ、有名で立派な山です。

中村さんは山登りが好きですか。

中村　：　好きです。

スポーツなら何でも好きです。

キム　：　そうですか。では、テニスが上手ですか。

中村　：　あまり上手じゃありませんが。。。

キム　：　じゃ、明日一緒にテニスをしませんか。

中村　：　ええ、しましょう。

Key Word

- きれいだ。
- 立派だ。
- 好きだ。

解說 회화

김 : 지난주에 뭐하셨어요?
나카무라 : 등산을 했습니다.
김 : 어땠습니까?
나카무라 : 조용하고 예쁜 산이었습니다.
그런데, 설악산은 유명한 산 입니까?
김 : 네, 유명하고 훌륭한 산입니다.
나카무라씨는 등산을 좋아합니까?
나카무라 : 좋아합니다.
스포츠라면 뭐든 좋아합니다.
김 : 그렇습니까?
그럼 테니스 잘하십니까?
나카무라 : 그다지 잘하지 못합니다만...
김 : 그럼 내일 함께 테니스 치러 가시겠습니까?
나카무라 : 네, 그러죠.

ちょっと一休(ひとやす)み

쉬어가는 코너

❖ 신사나 절에 가면 나무에 묶여 있는 것이 무엇입니까?

「오미구지(おみくじ) 제비뽑기」입니다. 오미구지는 대부분 신사나 절에서 길흉을 점쳐주는 제비뽑기인데, 운세와 결혼, 여행, 일, 학업 등에 관한 조언이 대길에서 대흉까지 적혀져 있지요. 좋은 내용이면 그것을 집으로 갖고 가고, 나쁜 내용이면 신사나 절에 나쁜 것을 놔두고 간다는 의미로 나무줄기에 묶는 관습이 있습니다. 요즘은 좋은 점괘도 나무에 묶어놓고 가는 사람이 늘고 있다네요~~

단어정리와 어구해설

- 先週(せんしゅう) : 지난주
- 山登り(やまのぼり) : 등산
- 静かだ(しずかだ) : 조용하다.
- きれいだ : 깨끗하다. / 예쁘다.
  (한국인은 「きれいですね(예쁘군요)」라는 말을 좋아하고, 일본인은 「かわいいですね(귀엽군요)」라는 말을 훨씬 많이 사용하며 좋아한다. 그래서 나이가 많은 할머니께도 「かわいいですね(우리말로 번역하면 고우시군요)」를 쓰는 것이다.
- きれいな山(やま)でした。 : 깨끗한 산이었습니다.
- 山(やま) : 산
- ところで : 그런데
- ソラクサン : 설악산
- 有名だ(ゆうめいだ) : 유명하다
- 有名(ゆうめい)な山(やま)ですか。 : 유명한 산입니까?
- 有名(ゆうめい)で立派(りっぱ)な山(やま)です。 : 유명하고 멋있는 산입니다.
- 立派だ(りっぱだ) : 훌륭함 / 더 말할 나위 없음
- スポーツ : 스포츠
- 好きだ(すきだ) : 좋아하다.
- テニス : 테니스
- 上手だ(じょうずだ) : 잘한다.
- 下手だ(へただ) : 서투르다.

- 便利(べんり)だ : 편리하다.
- 不便(ふべん)だ : 불편하다
- 美(うつく)しい : 아름답다
- なら : ~같으면 / ~이라면 / 그러면 / 그렇다면
- 何(なん)でも好(す)きです。 : 무엇이든 좋습니다.

문형연습 단어정리

- にぎやかだ : 번화하다
- 幸(しあわ)せな人(ひと) : 행복한 사람(「幸(しあわ)せだ」 : 행복하다)
- 正直(しょうじき)な人(ひと) : 정직한 사람(「正直(しょうじき)だ」 : 정직하다)
- 真面目(まじめ)な人(ひと) : 성실한 사람(「真面目(まじめ)だ」 : 성실하다)
- 素敵(すてき)な人(ひと) : 멋진 사람(「素敵(すてき)だ」 : 썩 뛰어남 / 매우 근사함 / 아주 멋짐)
- 素直(すなお)な人(ひと) : 순수한 사람/순진한 사람(「素直(すなお)だ」 : 순수하다 / 순진하다)
- 元気(げんき)だ : 건강하다
- 静(しず)かだ : 조용하다
- まだ : 아직(도)

응용회화의 단어정리

- 交通(こうつう) : 교통
- どんな先生(せんせい) : 어떤 선생님
- 親切(しんせつ)だ : 친절하다
- 一番(いちばん) : ① 일번/일등 ② 가장/제일

문 형 연 습

私(わたし)は山登(やまのぼ)りが —

好(す)きです。	↔	好(す)きじゃありません。
嫌(きら)いです。		嫌(きら)いじゃありません。
上手(じょうず)です。		上手(じょうず)じゃありません。
下手(へた)です。		下手(へた)じゃありません。

一番(いちばん) —
- 静(しず)かな町(まち)
- にぎやかな都市(とし)
- きれいな国(くに)

です。

あの人(ひと)は —
- 幸(しあわ)せな人(ひと)
- 正直(しょうじき)な人(ひと)
- 真面目(まじめ)な人(ひと)
- 素敵(すてき)な人(ひと)
- 素直(すなお)な人(ひと)

です。

彼(かれ)は —
- 元気(げんき)で
- 正直(しょうじき)で
- 親切(しんせつ)で
- 素敵(すてき)で

真面目(まじめ)です。

- 前(まえ)は [好(す)きだった / 静(しず)かだった / 自由(じゆう)だった / 上手(じょうず)だった / 下手(へた)だった] ですが、今(いま)は [好(す)きじゃない / 静(しず)かじゃない / 自由(じゆう)じゃない / 上手(じょうず)じゃない / 下手(へた)じゃない] です。

前(まえ)は	好(す)きだった	ですが、今(いま)は	好(す)きじゃない	です。
	静(しず)かだった		静(しず)かじゃない	
	自由(じゆう)だった		自由(じゆう)じゃない	
	上手(じょうず)だった		上手(じょうず)じゃない	
	下手(へた)だった		下手(へた)じゃない	

- 真面目(まじめ)です。(だ) ↔ 真面目(まじめ)ではありません。(じゃ)(ないです)

  真面目(まじめ)でした。(だった) ↔ 真面目(まじめ)ではありませんでした。(じゃ) (なかったです)

ちょっと一休(ひとやす)み

쉬어가는 코너

❖ **수치(はじ)**

인류학자 루스 베네딕트는 서양은 「죄의 문화」, 일본은 「수치의 문화」라고 한다. 죄의식은 자신의 내부 윤리 기준에 있는 것에 반해, 수치의 감각은 외부의 윤리 기준에 근거하고 있다. 일본인의 이러한 도덕 기준은 자신의 생명보다도 체면을 중시한 무사들 사이에서 만들어진 것이다.

응용회화

1	A：あなたは旅行が好きですか。	A：여행을 좋아하십니까?
	B：はい、好きです。	B：예, 좋아합니다.
	いいえ、あまり好きじゃありません。	아니요, 그다지 좋아하지 않습니다.
	いいえ、嫌いです。	아니요, 싫어합니다.
2	A：日本語が上手ですか。	A：일본어를 잘합니까?
	B：はい。上手です。	B：네, 잘합니다.
	いいえ、あまり上手じゃありません。	아니요, 그다지 잘하지 못합니다.
	まだ下手です。	아직 서투릅니다.
3	A：好きなスポーツは何ですか。	A：좋아하는 스포츠는 무엇입니까?
	B：好きなスポーツはサッカーです。	B：좋아하는 스포츠는 축구입니다.
4	A：交通は便利ですか。	A：교통은 편리합니까?
	B：はい、便利です。	B：네, 편리합니다.
	いいえ、便利じゃありません。	아니요. 편하지 않습니다.
	不便です。	불편합니다.

5

A：あの人(ひと)はどんな先生(せんせい)ですか。

B：親切(しんせつ)で、有名(ゆうめい)な先生(せんせい)です。

A：저 사람은 어떤 선생님입니까?

B：친절하고, 유명한 선생님입니다.

6

A：韓国(かんこく)で一番(いちばん)美(うつく)しい山(やま)はどこですか。

B：ソラクサンです。

ソラクサンは美(うつく)しくて、立派(りっぱ)な山(やま)です。

A：한국에서 가장 아름다운 산은 어디입니까?

B：설악산입니다.

설악산은 아름답고, 멋진 산입니다.

ちょっと一休(ひとやす)み

쉬어가는 코너

❖ 혼네(本音)와 다테마에(建前)

혼네는 사람이 정직하게 생각하고 느끼는 것이고 다테마에는 자신의 생각은 아니지만 그렇게 말하는 것이 좋다고 생각하는 것을 말한다. 일본처럼 지리적으로 좁고 농업을 위한 공동작업을 필요로 하는 일본의 사람들은 공동체나 사회에서의 화합을 지키기 위하여 때로는 자신의 솔직한 생각을 말하지 않는 경우가 있다. 그러나 때로는 이러한 일본인의 태도는 외국인에게는 부정직하다고 받아들여지는 경우가 있어 오해가 생기기도 한다.

기본문법과 해설

Ⅰ. 형용동사 (「な형용사」)

1. 형용사의 특징

1) 자립어(自立語)이다
2) 단독으로 술어(述語)가 될 수 있다.
3) 어미 활용이 있다.
4) 어미는 모두 「~だ」로 끝난다.
5) 사물의 성질이나 상태 등을 나타낸다.

2. 형용동사의 활용

→ 형용사의 어미는 단어 끝의 「だ」이고 어간은 그 나머지 부분이다. 즉 사물의 성질 / 상태를 나타내며 기본형은 「だ」로 끝난다.

–성질 : きれいだ(깨끗하다) 静(しず)かだ(조용하다) 有名(ゆうめい)だ(유명하다)

–상태 : 好(す)きだ(좋아하다) 嫌(きら)いだ(싫어하다) いやだ(싫다)

→ 1) 긍정 : 「어간 + です。」 (~입니다)
2) 부정 : 「어간 + じゃない / ではありません」 (~이 아닙니다)
3) 의문 : 「ですか」 (~입니까?)
4) 중지 : 「어간 + で」 (~이고 / ~이며)
5) 과거 : 「형용사의 어간 + だった」 (~이었다)
 – 가정조건 : 「형용동사 어간 + だったら」 (~이라면 / ~였다면)
 – 나열 「형용동사 어간 + だったり」 (~하기도하고 ~하기도하고)
6) 명사수식 : 어간 + な + 명사

→ 활용

有名だ(유명하다)

有名	+ だろう	(유명하겠지 / 유명할 것이다)	〈추측〉
	+ だった	(유명했다)	〈과거〉
	+ だったら	(유명하다면 / 유명하거든)	〈가정〉
	+ だったり	(유명하기도 하고)	〈나열〉
	+ で(は)ない	(유명하지 않다)	〈부정〉
	+ で	(유명하고 / 유명해서)	〈중지〉
	+ になる	(유명하게 되다)	〈부사용법〉
	+ だ	(유명하다)	〈기본형〉
	+ な+時	(유명할 때)	〈연체형 〉
	+ なら(ば)	(유명하다면)	〈가정형〉

Ⅱ. 반드시 조사「が」와 함께 써야하는 동사 / 형용사

~が + 分かる(~를 알다)	例)	文法が分かります。	(○)
(~를 이해하다)		文法を分かります。	(×)
~が + 出来る(~를 할수있다)		日本語ができます。	(○)
(~이 가능하다)		日本語をできます。	(×)
~が + 好きだ(~를 좋아하다)		キムチが好きです。	(○)
		キムチを好きです。	(×)
~が + 嫌いだ(~를 싫어하다)		パンが嫌いです。	(○)
		パンを嫌いです。	(×)

※ 우리말「~을, ~이(가)」로 해석되지만「分かる, 出来る, 好きだ, 嫌いだ」앞에서는 조사 「を」를 쓰지 않고 반드시「が」를 써야 한다.

※「~ほしい」"원하다, 바라다"도「~がほしい」라는 표현이 더 좋다.

제10장

6시에 일어납니다.
6時に起きます。

학습목표(學習目標)

- 何時に起きますか。
- 朝ご飯は食べますか。
- 何時に寝ますか。

会話

キム　：　中村さんは朝何時に起きますか。

中村　：　6時に起きます。

キム　：　早いですね。朝ご飯は食べますか。

中村　：　ええ、パンと果物を食べます。
それからコーヒーを飲みます。キムさんは。

キム　：　たいていミルクだけ飲みます。
学校は何時に始まりますか。

中村　：　9時に始まりますが、早く学校へ行きます。

キム　：　では、何時に終わりますか。

中村　：　午後3時に終わります。

キム　：　どこで勉強をしますか。

中村　：　図書館で勉強をしますが、時々 友だちと一緒に家でします。

キム　：　何時に寝ますか。

中村　：　夜11時頃寝ます。

Key Word

- 時々
- ~頃

解說 회화

김 : 나카무라씨는 아침 몇시에 일어납니까?
나카무라 : 6시에 일어납니다.
김 : 빠르네요. 아침밥은 먹습니까?
나카무라 : 네. 빵과 과일을 먹습니다.
그리고 나서 커피를 마십니다. 김씨는요?
김 : 대개 우유만 마십니다.
학교는 몇시에 시작합니까?
나카무라 : 9시에 시작하지만, 일찍 학교에 갑니다.
김 : 그럼 몇시에 끝납니까?
나카무라 : 오후 3시에 끝납니다.
김 : 어디서 공부합니까?
나카무라 : 도서관에서 공부하지만 가끔 친구와 함께 집에서 합니다.
몇시에 잡니까?
나카무라 : 저녁 11시에 잡니다.

ちょっと一休み

쉬어가는 코너

❖ **스시(초밥)**

스시는 원래는 보관용으로 절인 생선을 사용했지만 에도(江道)시대에 에도만에서 잡은 신선한 생선을 사용하게 되었다. 손에 쥔 작은 초밥에 생선 살이나 새우, 오징어 등을 올린 것이다. 스시를 대표하는 것을 니기리즈시(にぎりずし)라 하며 일본을 비롯한 전 세계에 점차 알려지게 되었다.

단어정리와 어구해설

- 起きます： 일어나다
- 早い ： 빠르다
- 朝ご飯 ： 아침식사
- 食べますか： 먹습니까?
- それから ： 그리고서
- たいてい ： 대개
- ~だけ ： ~만 / ~뿐
- 飲みます： 마십니다 (飲む：마시다)
- 始まります： 시작 됩니다 (始まる：시작되다)
- 終わります： 끝납니다 (終わる：끝나다)
- 午後 ： 오후 ↔ (午前：오전)
- 勉強 ： 공부
- 勉強をしますか： 공부를 합니다
- 図書館 ： 도서관
- 寝ますか： 잡니까? (寝る：자다)
- ~頃 ： ~경 / ~쯤
- 家 ： 집 (家：house 家：home)

문형연습 단어정리

- ビデオ : 비디오
- 漫画(まんが) : 만화

응용회화의 단어정리

- 習(なら)います。 : 배웁니다 (習(なら)う : 배우다)
- 食事(しょくじ) : 식사
- 用意(ようい) : 준비
- 吸(す)います。 : 피웁니다 (吸(す)う : 피우다)
- 食事(しょくじ) : 식사
- よく : 자주
- 時々(ときどき) : 때때로
- たまに : 가끔
- めったに : 부정을 수반하여 거의 / 좀처럼
- 全然(ぜんぜん) : 부정을 수반하여 전혀 / 전연

ちょっと一休(ひとやす)み

쉬어가는 코너

❖ 일식을 먹으면 정말로 살이 안찔까?

일본 식탁의 기본은 일식이다. 일본의 일반 가정에서 먹는 매일 한 사람 당 식사는 대략 2600칼로리이고, 이것은 그대로 사람들의 하루 3500칼로리와 비교하더라도 적은 숫자임에 틀림없다. 또한 동물성 식물의 섭취량도 일식은 양식의 절반밖에 되지 않는다.

문형연습

何を飲みますか。— コーヒ / お茶 / 紅茶 / お酒 / 薬 を飲みます。

※ 일본은 약 「薬」는 「食べる」가 아니라 반드시 「飲む」로 써야 한다.

「약을 먹습니다 – 薬を飲みます。」

何を見ますか。— テレビ / ビデオ / ニュース / 映画 / 漫画 をみます。

何を食べますか。— うどん / ラーメン / 天ぷら / 寿司 / さしみ / しゃぶしゃぶ を食べます。

何をしますか。— 勉強 / 運動 / 仕事 します。

응용회화

1	A：お化粧(けしょう)はしますか。	A：화장합니까?
	B：はい、します。/ 時々(ときどき)します。	B：네, 합니다. / 가끔합니다.
2	A：金(きん)さん、今日(きょう)、時間(じかん)ありますか。	A：김씨, 오늘 시간 있습니까?
	B：今日(きょう)ですか。はい、あります。	B：오늘이요? 네, 있습니다.
3	A：キムさん、日本語(にほんご)の予習(よしゅう)をしますか。	A：김씨, 일본어 예습을 합니까?
	B：はい、予習(よしゅう)をします。	B：네, 예습합니다.
4	A：日本語(にほんご)はどこで習(なら)いましたか。	A：일본어는 어디서 배웠습니까?
	B：学校(がっこう)で習(なら)いました。	B：학교에서 배웠습니다.
5	A：レポートを書(か)きましたか。	A：레포트를 썼습니까?
	B：はい、書(か)きました。	B：네, 썼습니다.
	いいえ、まだ書(か)きませんでした。	아니요, 아직 쓰지 않았습니다.
6	A：だれが食事(しょくじ)の用意(ようい)をしますか。	A：누가 식사 준비를 합니까?
	B：私(わたし)の母(はは)が食事(しょくじ)の用意(ようい)をしますが、	B：저희 어머니가 준비하시지만
	時々(ときどき)私(わたし)もします。	가끔 저도 합니다.

7 A：タバコを吸いますか。　　A：담배 피우십니까?

B：はい、吸います。/ いいえ、吸いません。

B：네, 피웁니다/아니요, 피우지 않습니다.

8 A：良く映画をみますか。　　A：자주 영화 봅니까?

B：はい、よく映画をみます。　　B：네, 자주 영화를 봅니다.

はい、時々映画をみます。　　네, 때때로 영화를 봅니다.

はい、たまに映画をみます。　　네, 가끔 영화를 봅니다.

いいえ、あまり映画をみません。　　아니요, 그다지 보지 않습니다.

いいえ、めったに映画をみません。　　아니요, 거의 보지 않습니다.

いいえ、全然映画をみません。　　아니요, 전혀 보지 않습니다.

ちょっと一休み

쉬어가는 코너

善は 急げ：좋은 일은 서둘러라

千里の 道も 一歩より：천리 길도 한 걸음부터

ちりも 積もれば 山と なる：티끌 모아 태산

기본문법과 해설

Ⅰ. 동사의 종류

1. 1그룹동사 : 아래의 2그룹동사와 3그룹동사를 뺀 나머지 동사

1) 어미가 「る」 이외의 [u]로 끝나는 모든 동사

会う(만나다)　書く(쓰다)　嗅ぐ(냄새를 맡다)　話す(말하다)

立つ(서다)　死ぬ(죽다)　読む(읽다)　遊ぶ(놀다)

2) 어미가 「る」인 경우는 그 앞의 모음이 [a]나 [o]나 [u]인 동사

やる(하다)　降る(내리다)　取る(집다)

분류	あ行	か行	が行	さ行	た行	は行	ば行	ま行	ら行	わ行
あ段	あ	か	が	さ	た	は	ば	ま	ら	わ
い段	い	き	ぎ	し	ち	ひ	び	み	り	
う段	う	く	ぐ	す	つ	ふ	ぶ	む	る	
え段	え	け	げ	せ	て	へ	べ	め	れ	
お段	お	こ	ご	そ	と	ほ	ぼ	も	ろ	を

→ 기본형은 모두 어미가 「う段」이며, 「る」동사는 「る」인 경우는 그 앞의 모음이 [a]나 [o]나 [u]인 동사

3) 예외동사

형태는 2그룹이지만 1그룹 활용을 하는 동사

帰る (집으로) (돌아가다/돌아오다)
入る(들어가다/들어오다)
走る(달리다)　切る(자르다)　知る(알다)

※ 1그룹 활용 동사의 例)

(1) 会う(만나다) 習う(배우다) 言う(말하다) 洗う(씻다)

(2) 書く(쓰다) 行く(가다) 歩く(걷다) 聞く(듣다)

(3) 嗅ぐ(냄새를 맡다) 急ぐ(서두르다/서둘러가다) 脱ぐ(옷/모자/신발을 벗다)

(4) 話す(말하다) 探す(찾다) 消す(지우다) 押す(밀다/누르다)

(5) 立つ(서다) 持つ(들다) 待つ(기다리다) 打つ(치다)

(6) 死ぬ(죽다)

(7) 読む(읽다) 飲む(마시다) 休む(쉬다)

(8) 遊ぶ(놀다) 呼ぶ(부르다) 選ぶ(선택하다/고르다) 飛ぶ(날다/뛰다)

2. 2그룹동사 : 「i + る」인 동사

어미가 「る」이고 그 앞의 모음이 「i」인 동사

見る(보다)

분류	あ行	か行	が行	さ行	た行	は行	ば行	ま行	ら行	わ行
あ段	あ	か	が	さ	た	は	ば	ま	ら	わ
い段	い	き	ぎ	し	ち	ひ	び	み	り	
う段	う	く	ぐ	す	つ	ふ	ぶ	む	る	
え段	え	け	げ	せ	て	へ	べ	め	れ	
お段	お	こ	ご	そ	と	ほ	ぼ	も	ろ	を

→ 어미 「る」앞의 글자가 「い, き, ぎ, し, ち, ひ, び, み, り」 등 「i(이)」발음이 나는 글자가 오면 2그룹동사이다. *예외있음

※ 2그룹동사의 例)

(1) 見る(보다) (2) 居る(사람/동물이 있다)

(3) 起きる(일어나다) (4) 着る(옷을 입다)

(5) 浴びる(물을 끼얹다) (6) 出来る(가능하다/할 수 있다)

3. 2그룹동사 : 「e + る」인 동사

어미가 「る」이고 그 앞의 모음이 [e]인 동사

食べる(먹다)

분류	あ行	か行	が行	さ行	た行	は行	ば行	ま行	ら行	わ行
あ段	あ	か	が	さ	た	は	ば	ま	ら	わ
い段	い	き	ぎ	し	ち	ひ	び	み	り	
う段	う	く	ぐ	す	つ	ふ	ぶ	む	る	
え段	え	け	げ	せ	て	へ	べ	め	れ	
お段	お	こ	ご	そ	と	ほ	ぼ	も	ろ	を

→ 어미 「る」앞의 글자가 「え, け, げ, せ, て, へ, べ, め, れ」 등 [e(에)]발음이 나는 글자가 오면 2그룹동사이다. *예외 있음

※ 2그룹동사의 例)

(1) 食べる(먹다) (2) 教える(가르치다)
(3) 考える(생각하다) (4) 出る(나가다/나오다/출발하다)
(5) 開ける(문을 열다) (6) 閉める(문을 닫다)
(7) 生まれる(태어나다) (8) 覚える(기억하다)
(9) 見せる(보이다) (10) 答える(대답하다)

4. 3그룹동사 : 불규칙동사에 해당: する와 来る 밖에 없다

する(하다) 来る(오다)

Note

いつも (언제나/항상) → よく (자주) → 時々 (가끔/때때로) → たまに (가끔/간혹) →

あまり (부정수반:그다지) めったに (부정수반:거의/좀처럼) 全然 (부정수반:전혀/전연)

제 11 장

영화를 보러 가지 않겠습니까?

映画(えいが)を見(み)に行(い)きませすか。

학습목표(學習目標)

- 寿司(すし)を食(た)べましょう。
- 暇(ひま)ですか。
- 映画(えいが)を見(み)に行(い)きませんか。

会話 Ⅰ

キム　：　中村さん、昼ご飯は 何時からですか。

中村　：　午後12時から1時まででです。

キム　：　どこで食べますか。

中村　：　学校の食堂で食べます。

キム　：　中村さん、寿司はどうですか。おいしい寿司屋が あります。

中村　：　そうですか。では、寿司を食べましょう。

会話 Ⅱ

キム　：　きのう、だれに会いましたか。

中村　：　久しぶりに友達に会いました。

キム　：　中村さん、こんどの週末暇ですか。

中村　：　ええ、暇です。

キム　：　では、一緒に 映画を見に行きませんか。

中村　：　ええ、行きましょう。

Key Word

- 昼ご飯
- 久しぶりに

解說 회화 Ⅰ

김 : 나카무라씨, 점심시간은 몇시부터 입니까?
나카무라 : 오후 12시부터 1시까지입니다.
김 : 어디서 먹습니까?
나카무라 : 학교 식당에서 먹습니다.
김 : 나카무라씨, 초밥은 어떻습니까?
맛있는 초밥집이 있습니다.
나카무라 : 그래요? 그럼, 초밥 먹죠.

회화 Ⅱ

김 : 어제 누구를 만났습니까?
나카무라 : 오랜만에 친구를 만났습니다.
김 : 나카무라씨, 이번 주말에 한가합니까?
나카무라 : 네, 한가합니다.
김 : 그럼, 함께 영화 보러 가시겠습니까?
나카무라 : 네, 갑시다.

ちょっと一休(ひとやす)み

쉬어가는 코너

❖ 오마모리(お守(まも)り)란 무엇입니까?

오마모리는 행운을 가져다주고 악마를 쫓기 위한 부적 같은 것을 말합니다. 각각 다른 목적으로 건강을 비롯하여 결혼, 교통안전등을 기원하는 것이 있지만, 가장 인기 있는 것은 입시 합격을 기원하는 오마모리랍니다. 지갑에 넣거나 집이나 차 속에 넣어 두기도 하지요~~.

Note

覚(おぼ)えておきましょう

午前(ごぜん)
(오전)

- 朝(あさ)(아침)
  (朝(あさ)ごはん)
- 昼(ひる)(낮)
  (昼(ひる)ごはん)

午後(ごご)
(오후)

- 昼(ひる)(낮)
- 夜(よる)(저녁)
  (夕(ゆう)ごはん)

昼間(ひるま)(낮동안)

夕方(ゆうがた)(해질무렵)

夜中(よなか)(한밤중)

夜明(よあ)け(새벽녘)

단어정리와 어구해설

- 昼(ひる)ご飯(はん) ： 점심식사/점심밥
- 午後(ごご) ： 오후
- 食堂(しょくどう) ： 식당
- 寿司(すし) ： 초밥
- 久(ひさ)しぶりに。 ： 오랜만에
- 暇(ひま) ： 틈 / 짬 / 기회 / 한가한 상태
- 行(い)きません。 ： 가지 않습니다.
- 映画(えいが)を見(み)に行(い)きませんか。 ： 영화를 보러 가지 않겠습니까?
- 朝(あさ)ご飯(はん) ： 아침식사(「朝(あさ)ご飯(はん)(아침식사) / 昼(ひる)ご飯(はん)(점심식사) / 夕(ゆう)ご飯(はん)(저녁식사)」)

문형연습 단어정리

- キムチ ： 김치
- 野菜(やさい) ： 야채
- ステーキ ： 스테이크
- おやつ ： 간식
- おつまみ ： 안주

응용회화의 단어정리

- ウィスキー ： 위스키
- 今(いま)はちょっと… ： 지금은 좀…(곤란한데요…)

문형연습

질문		긍정		부정
タバコを吸(す)いますか。	—	吸(す)います。	↔	吸(す)いません。
お酒(さけ)を飲(の)みますか。	—	飲(の)みます。		飲(の)みません。
キムチを食(た)べますか。	—	食(た)べます。		食(た)べません。

どこで食(た)べますか。 — [家(うち) / 食堂(しょくどう) / レストラン / 公園(こうえん)] で食(た)べます。

家(うち)
食堂(しょくどう)
レストラン
公園(こうえん)

[果物(くだもの) / 野菜(やさい) / ハンバーガー / ステーキ] を食(た)べましたか。—いいえ、食(た)べませんでした。

果物(くだもの)
野菜(やさい)
ハンバーガー
ステーキ

一緒(いっしょ)に

会(あ)います	—	会(あ)いましょう
行(い)きます		行(い)きましょう
話(はな)します		話(はな)しましょう
待(ま)ちます		待(ま)ちましょう
食(た)べます		食(た)べましょう

一緒(いっしょ)に	行(い)きません	か。— はい、	行(い)きましょう
	話(はな)しません		話(はな)しましょう
	待(ま)ちません		待(ま)ちましょう
	食(た)べません		食(た)べましょう

朝(あさ)ご飯(はん)	を食(た)べますか。— はい、食(た)べます。
昼(ひる)ご飯(はん)	いいえ、食(た)べません。
夕(ゆう)ご飯(はん)	
おやつ	
おつまみ	

ちょっと一休(ひとやす)み

쉬어가는 코너

❖ **샤부샤부(しゃぶしゃぶ)**

샤부샤부가 하나의 새로운 일본 요리로 알려지게 된 것은 최근에 들어서다. 샤부샤부라는 명칭은 종이처럼 얇게 자른 소고기를 끓는 스프에 담가 두 세번 그 속에서 가볍게 흔들 때 나는 소리에서 유래된 것 같다. 고기 색깔이 스프 속에서 변하면 바로 꺼내서 폰스(ぽんず) 또는 고마다레(깨소스) 등 기호에 맞는 양념장에 찍어 먹는다. 소고기의 질이 가장 중요하다.

응용회화

1	A：あなたはお酒(さけ)を飲(の)みますか。	A：당신은 술을 마십니까?
	B：はい、私(わたし)は酒(さけ)を飲(の)みます。	B：네, 저는 술을 마십니다.
2	A：どんなお酒(さけ)を飲(の)みますか。	A：어떤 술을 마십니까?
	B：ビールやウィスキーなどを飲(の)みます。	B：맥주와 위스키등을 마십니다.
3	A：朝(あさ)ご飯(はん)、食(た)べますか。	A：아침밥, 먹습니까?
	B：はい、食(た)べます。	B：네, 먹습니다.
	いいえ、食(た)べません。	아니요, 먹지 않습니다.
4	A：どこで食(た)べますか。	A：어디서 먹습니까?
	B：毎日(まいにち)、家(いえ)で食(た)べます。	B：매일 집에서 먹습니다.
5	A：今(いま)、暇(ひま)ですか。	A：지금, 한가하십니까?
	B：はい(ええ)、暇(ひま)です。	B：네, 한가합니다.
	いいえ、暇(ひま)じゃありません。	아니요, 한가하지 않습니다.
6	A：今(いま)、時間(じかん)ありますか。	A：지금 시간 있습니까?
	B：はい(ええ)、ありますよ。	B：네, 있습니다.
	いいえ、今(いま)はちょっと。。。	아니요, 지금은 조금...

7 A：ちょっといいですか。 A：잠깐 괜찮으시겠습니까?
B：はい、いいです。 B：네, 괜찮습니다.
すみません、今はちょっと。。。 죄송하지만, 지금은 좀...

8 A：ジュースを飲みに行きませんか。 A：쥬스 마시러 가시지 않겠습니까?
B：いいですね。行きましょう。 B：좋아요. 갑시다.

ちょっと一休み

쉬어가는 코너

❖ 일본 사람들이 최근까지 고기를 먹지 않았다는 것이 사실일까?

"Yes"그렇다. 1868년 메이지유신 이후, 메이지 천황이 구미 모든 나라를 따라잡기 위하여 문명화를 선언한 후 먹기 시작했다. 그 이전에는 불교의 가르침으로 네 개의 다리를 가진 동물을 먹는 것은 금지되었다.
누구든 처음 고기를 먹은 사람은 굉장히 용기가 있는 사람이었을 것이다. 왜냐하면 미신을 깊게 믿는 사람들은 소고기를 먹으면 소가 된다고 믿었을 정도이니까~~

기본문법과 해설

Ⅰ. 「ます」의 활용

ます (~입니다.)	← 부정 →	ません (~이 아닙니다.)
↓ 과거		↓ 과거
ました (~이었습니다.)	← 부정 →	ませんでした (~이 아니었습니다.)

◉ 5과 「~です」의 활용과 함께 외워두세요!!

Ⅱ. 반드시 조사 「に」와 함께 써야하는 동사

に ＋ 会(あ)う(~를 만나다)	例(れい))先生(せんせい)に会(あ)います。
に ＋ 成(な)る(~이 되다)	先生(せんせい)になりました
に ＋ 乗(の)る(~을 타다)	バスに乗(の)ります。
に ＋ 似(に)る(~를 닮다)	母(はは)に似(に)ています。

※ 우리말 「~를, ~이」 등이 들어가야 하지만, 会(あ)う, 成(な)る, 乗(の)る, 似(に)る앞에는 조사 「を」나 「が」를 쓰지 않고 반드시 「に」를 써야 한다.

※ ~를 닮았습니다는 「~に似(に)ました」라고 표현하지 않고 「に似(に)ています。(~를 닮아있습니다 / ~를 닮았습니다)」라고 표현합니다.

◉ 11과에 나오는 반드시 「が」를 써야하는 동사와 함께 꼭 암기하세요!

Ⅲ. 동사의 활용

1. 1그룹동사의 연용형

- 1그룹동사의 모든 어미 「う, く, ぐ, す, つ, ふ, ぶ, む, る」를 [い段]으로 바꾼 후 「정중의 조동사 ます」접속 ; 습관 / 현재 / 자신의 의지를 표현

분류	あ行	か行	が行	さ行	た行	は行	ば行	ま行	ら行	わ行
あ段	あ	か	が	さ	た	は	ば	ま	ら	わ
い段	い	き	ぎ	し	ち	ひ	び	み	り	
う段	う	く	ぐ	す	つ	ふ	ぶ	む	る	
え段	え	け	げ	せ	て	へ	べ	め	れ	
お段	お	こ	ご	そ	と	ほ	ぼ	も	ろ	を

모든 기본형 [う段]을 [い段]으로 바꾼 후 [ます]를 접속 한다.
→ [い段 +ます] ; 습관과 현재 / 자신의 의지를 표현 할 때 사용

※ 1그룹동사의 例)

あ行
あ
い
う
え
お

(1) 会(あ)う- (만나다) → 会(あ)い +ます : 만납니다(습관/현재)
만나겠습니다(자신의 의지)

(2) 書(か)く(쓰다)

(3) 嗅(か)ぐ(냄새를 맡다)

(4) 話(はな)す(말하다)

(5) 立(た)つ(서다)

(6) 死ぬ(죽다)

(7) 読む(읽다)

(8) 遊ぶ(놀다)

2. 2그룹동사 (연용형)

→ 어미 「る」를 빼고 [ます]를 접속 한다.

[상·하1단 동사의 어간 + ます] : 습관과 현재 / 의지를 표현할 때 사용

※ 2그룹동사의 例)

(1) 見る → 見+ます (봅니다 – 습관/현재)
(보겠습니다 – 의지)

(2) 起きる → 起き+ます (일어납니다 – 습관/현재)
(일어나겠습니다 – 의지)

(3) 食べる → 食べ+ます (먹습니다 – 습관/현재)
(먹겠습니다 – 의지)

(4) 覚える → 覚え+ます (외웁니다 – 습관/현재)
(외우겠습니다 – 의지)

3. 3그룹동사 – 불규칙동사에 해당: する와 来る 밖에 없다

(1) する(하다) → します (합니다 – 습관/현재)
(하겠습니다 – 의지)

(2) 来る(오다) → 来ます (옵니다 – 습관/현재)
(오겠습니다 – 의지)

제12장

봄이 되면 꽃구경을 가고 싶습니다.

春(はる)になると花見(はなみ)に行(い)きたいです。

학습목표(學習目標)

- 春(はる)になると、花見(はなみ)に行(い)きたい。
- 三人(さんにん)で行(い)きましょうか。
- 一緒(いっしょ)に行(い)きましょう。

会話 Ⅰ

キム　：　春は暖かいです。私は 暖かい春が好きです。

中村　：　キムさん、韓国の春は 何月から何月までですか。

キム　：　たいてい 3月から5月まで 3ヵ月間です。

中村　：　そうですか。天気もいいし、花もきれいし。。。
春になると、花見に 行きたいです。

キム　：　そうですね。では、山田さんと三人で 花見に行きましょうか。

中村　：　ええ、一緒に 行きましょう。

会話 Ⅱ

ハン　：　先週の休みに 何をしましたか。

中村　：　花見に行きました。

ハン　：　だれと一緒に行きましたか。

中村　：　キムさんと山田さんと三人で 行きました。

ハン　：　楽しかったですか。

中村　：　ええ、本当に楽しかったです。

Key Word

- 花見
- 三人で

解說 회화 Ⅰ

김 : 봄은 따뜻합니다.
저는 따뜻한 봄이 좋습니다.
나카무라 : 김씨, 한국의 봄은 몇 월부터 몇 월까지 입니까?
김 : 대개 3월부터 5월까지 3개월간입니다.
나카무라 : 그렇습니까? 날씨도 좋고, 꽃도 예쁘고...
봄이 되면 꽃구경을 가고 싶습니다.
김 : 그렇네요. 그럼, 야마다씨와 세 명이서 꽃구경 갈까요?
나카무라 : 네, 함께 갑시다.

회화 Ⅱ

한 : 지난주 휴일에 뭐 하셨습니까?
나카무라 : 꽃구경 갔었습니다.
한 : 누구와 함께 갔었습니까?
나카무라 : 김씨와 야마다씨와 세 명이 갔었습니다.
한 : 재밌었습니까?
나카무라 : 네, 정말 재밌었습니다.

ちょっと一休(ひとやす)み

쉬어가는 코너

❖ **대부분의 일본인이 종교에 그다지 열성적이지 않는다고 하는데 정말입니까?**

네, 일반적으로 그렇습니다. 통계적으로 대부분의 일본인이 하나의 종교를 갖고 있지만, 어떤 종교를 믿고 있느냐고 물으면 대부분이 믿는 종교가 없다고 대답합니다. 신교도 불교도 일본에서는 종교라기 보다는 일상적인 관습의 일종이랍니다.

단어정리와 어구해설

- 春(はる) : 봄
- 暖(あたた)かい : 따뜻하다
- たいてい : 대개
- 花見(はなみ) : 꽃구경
- 花見(はなみ)に行(い)きましょうか。 : 꽃구경하러 갈까요?

  (~ましょう : 청유형~하지요)

  ※ ~ます → ~ましょう / ~です → ~でしょう
- 三人(さんにん)で : 셋이서(세명이 함께)
- 本当(ほんとう)に : 정말 / 정말로

문형연습 단어정리

- 地下鉄(ちかてつ) : 지하철
- 汽車(きしゃ) : 기차
- ホテリアー : 호텔리어
- 芸能人(げいのうじん) : 예술인
- まつり : 축제
- 電車(でんしゃ) : 전차
- 大人(おとな) : 어른
- 科学者(かがくしゃ) : 과학자
- 写真(しゃしん) : 사진(写真(しゃしん)を撮(と)る:사진을 찍다)
- 花火(はなび) : 불꽃놀이

응용회화의 단어정리

- 寒い : 춥다
- 咲きますか : 핍니까? (咲く : 피다)
- ももいろのつづし : 분홍색의 진달래
- きいろいれんぎょう : 노란색의 개나리
- アイボリのもくれん : 아이보리의 목련
- 桜 : 벚꽃

(한국의 국화(国花)는 「むくげ(무궁화)」이고, 일본의 국화(国花)는 「さくら(벚꽃)」이며, 일본 천황가를 대표하는 꽃은 「菊(국화)」이다.)

- 春になると : 봄이되면 (「~と(~면 / ~하면」 : 「동사 / 형용사의 기본형에 접속」하여 「순리 / 당연한 결과 / 습관 / 반복」을 표현)
- 行きたいです (가고 싶습니다) ↔ 行きたくありません。 (가고 싶지 않습니다)
- 恋人 : 애인

(애인은 「恋人」라고 한다. 한국어의 애인 「愛人」은 불륜의 관계나 정부를 뜻하므로 「恋人」라고 말해야 하는 상황에 「愛人」이라고 말한다면 대단한 실례를 범하게 되므로 유의해야 한다.)

- 話したいです : 말하고 싶습니다.
- 飲みたいです : 마시고 싶습니다.
- 冷たいビール : 차가운 맥주
- 食べたいです (먹고 싶습니다) ↔ 食べたくありません。 (먹고 싶지 않습니다)
- 乗りましたか : 탔습니까?
- 吸いますか。 : 피웁니까?

- 手紙 : 편지
- 書きますか : 씁니까?
- 飲みました (마셨습니다)

  ↔ 飲みませんでした / 飲まなかったです (마시지 않았습니다)
- 会いました (만났습니다)

  ↔ 会いませんでした。 / 会わなかったです (만나지 않았습니다)

ちょっと一休み

쉬어가는 코너

❖ **낫토(일본식 청국장)**

낫토는 콩으로 만든다. 삶은 콩을 바일러스균이 있는 짚 통에 넣어 발효시킨 것이 낫토이다. 간장 바른 양파나 겨자 등을 섞은 낫토를 뜨거운 밥 위에 올려 먹는다. 낫토는 주로 일본 동쪽 지역에서 사랑 받고 있다. 독특한 향이 있기 때문에 외국인은 익숙해 질 때 까지 시간이 걸릴지도 모른다. 같은 콩을 발효 시킨 식품에는 미소(된장)가 있고 낫토와 함께 암을 예방하는 식품으로 알려져 있다.

문형연습

- 先生(せんせい) / 彼(かれ)し / 彼女(かのじょ) / 恋人(こいびと) に会(あ)います。— 会(あ)いたいです。 ↕ 会(あ)いたくないです。

- バス / タクシ / 地下鉄(ちかてつ) / 電車(でんしゃ) / 汽車(きしゃ) に乗(の)ります。— 乗(の)りたいです。 ↕ 乗(の)りたくないです。

- もう 大人(おとな) / ホテリアー / 科学者(かがくしゃ) / 芸能人(げいのうじん) になりました。

- 誰(だれ)に似(に)ていますか。— 父(ちち) / 母(はは) / 兄(あに) / 姉(あね) に似(に)ています。

大人(おとな)
ホテルコン
科学者(かがくしゃ)
芸能人(げいのうじん)

に会(あ)いましたか ― いいえ、会(あ)いませんでした
(会わなかったです)

お父(とう)さん
お母(かあ)さん
お兄(にい)さん
お姉(ねえ)さん
妹(いもうと)さん
弟(おとうと)さん

に会(あ)いましたか ― いいえ、会(あ)いませんでした
(会わなかったです)

写真(しゃしん)
まつり
花火(はなび)

を見(み)ましたか ― はい、見(み)ました。
いいえ、見(み)ませんでした。
(見(み)なかったです)

勉強(べんきょう)をします。↔ しません (=しないです)
しました ↔ しませんでした
(しなかったです)

バスがきます。↔ 来(き)ません (=来(こ)ない)
来(き)ました ↔ 来(き)ませんでした
(来(こ)なかったです)

응용회화

1	A：春(はる)は何月(なんがつ)から何月(なんがつ)までですか。	A： 봄은 몇월부터 몇월까지입니까?
	B：春(はる)は3月(がつ)、4月(がつ)、5月(がつ)です。	B： 봄은 3월, 4월, 5월입니다.
2	A：春(はる)は暖(あたた)かいですか。	A： 봄은 따뜻합니까?
	B：暖(あたた)かいですが、3月(がつ)は寒(さむ)い時(とき)もあります。	B： 따뜻하지만, 3월은 추울 때도 있습니다.
3	A：春(はる)は花(はな)が咲(さ)きますか。	A： 봄은 꽃이 핍니까?
	B：ももいろのつづし、きいろいれんぎょう、アイボリのもくれんと桜(さくら)が咲(さ)きます。	B： 분홍색의 진달래, 노란 개나리 아이보리의 목련과 벚꽃이 핍니다.
4	A：春(はる)になると花見(はなみ)に行(い)きたいですか。	A： 봄이 되면 꽃구경 가고 싶습니까?
	B：はい、行(い)きたいです。	B： 네, 가고 싶습니다.
	いいえ、行(い)きたくありません。(ないです)	아니요, 가고 싶지 않습니다.
5	A：誰(だれ)と 一緒(いっしょ)に 行(い)きたいですか。	A： 누구와 함께 가고 싶습니까?
	B：恋人(こいびと)と 一緒(いっしょ)に行(い)きたいです。	B： 애인과 함께 가고 싶습니다.
6	A：日本語(にほんご)で話(はな)したいですか。	A： 일본어로 말하고 싶습니까?
	B：はい、日本語(にほんご)で上手(じょうず)に話(はな)したいです。	B： 네, 일본어로 능숙하게 말하고 싶습니다.

7	A：何が飲みたいですか。	A： 무엇이 마시고 싶습니까?
	B：冷たいビールが飲みたいです。	B： 차가운 맥주가 마시고 싶습니다.
8	A：カルビが好きですか。	A： 갈비를 좋아합니까?
	B：はい、カルビが好きです。	B： 네, 갈비를 좋아합니다.
	おいしいカルビが食べたいです。	맛있는 갈비를 먹고싶습니다.
9	A：日本語がお上手ですね。	A： 일본어를 잘하시네요.
	B：いいえ、まだ下手です。	B： 아니요, 아직 서툴러요.
	上手に話したいです。	능숙하게 말하고 싶습니다.
10	A：きのう、バスに乗りましたか。	A： 어제, 버스를 탔었습니까?
	B：いいえ、バスに乗りませんでした。	B： 아니요, 버스를 타지 않았습니다.
	タクシーに乗りました。	택시를 탔었습니다.
11	A：誰に似ていますか。	A： 누구를 닮았습니까?
	B：私の母に似ています。	B： 저희 어머니를 닮았습니다.
	私の父に似ています。	저희 아버지를 닮았습니다.
12	A：タバコを吸いますか。	A： 담배 피우십니까?
	B：はい、吸います。	B： 네, 피웁니다.
	いいえ、吸いません。	아니요, 피우지 않습니다.

13	A：日本語で手紙を書きますか。	A： 일본어로 편지를 씁니까?
	B：はい、日本語で書きます。	B： 네, 일본어로 씁니다.
	いいえ、日本語で書きません。	아니요, 일본어로 쓰지 않습니다.
14	A：昨日、先生に会いましたか。	A： 어제, 선생님을 만났습니까?
	B：はい、先生に会いました。	B： 네, 선생님을 만났습니다.
	いいえ、先生に会いませんでした。	아니요, 선생님을 만나지 않았습니다.
	いいえ、先生に会わなかったです。	아니요, 선생님을 만나지 않았습니다.
15	A：昨日、お酒を飲みましたか。	A： 어제, 술을 마셨습니까?
	B：はい、お酒を飲みました。	B： 네, 술을 마셨습니다.
	いいえ、お酒を飲みませんでした。	아니요, 술을 마시지 않았습니다.
	いいえ、お酒を飲まなかったです。	아니요, 술을 마시지 않았습니다.

ちょっと一休み

쉬어가는 코너

❖ 우메보시(매실장아찌)

우메보시는 일본의 전통적인 보존 식품이다. 매실의 신맛이 식욕을 자극하며 또한 식중독도 예방하기 때문에 오니기리(주먹밥)나 도시락에 많이 넣는다. 파란 매실을 붉은 차조기 잎과 함께 소금에 절여서 햇빛에 말린 다음 매실에서 나온 매실 식초에 옮겨서 절인다.

기본문법과 해설

Ⅰ. 희망의 조동사「~たい」

1. **접속** → 동사 연용형 + 「~たい」
2. **해석** → 「~하고 싶다」
3. **해설** → 자신과 상대방의 희망을 표현

例) 会(あ)う(만나다) → 会(あ)います(만납니다) → 会(あ)いたい(만나고 싶다)

◉ 희망의 조동사「~たい(하고 싶다)」는 어미가「~い」로 끝나기 때문에 형용사 문법을 적용하여 활용하는 것에 유의!!

例) 会(あ)いたい(만나고 싶다) → 会(あ)いたくない(만나고 싶지 않다)
会(あ)いたかった(만나고 싶었습니다)

Ⅱ 동사의 미연형

1. 1그룹동사의 미연형

– 1그룹동사의 모든 어미「う, く, ぐ, す, つ, ふ, ぶ, む, る」를 [あ段]으로 바꾼 후「부정의 조동사 ない」접속 ; 부정/의지의 부정을 나타냄

분류	あ行	か行	が行	さ行	た行	は行	ば行	ま行	ら行	わ行
あ段	あ	か	が	さ	た	は	ば	ま	ら	わ
い段	い	き	ぎ	し	ち	ひ	び	み	り	
う段	う	く	ぐ	す	つ	ふ	ぶ	む	る	(う)
え段	え	け	げ	せ	て	へ	べ	め	れ	
お段	お	こ	ご	そ	と	ほ	ぼ	も	ろ	を

모든 기본형 [う段]을 [あ段]으로 바꾼 후 [ない]를 접속한다.

→ [あ段 +ない] ; 부정/의지의 부정을 표현 할 때 사용

(1) 会(あ)う(만나다) → 会(あ)わない(만나지 않(는)다/만나지 않겠다)

「う」로 끝나는 동사는 「あ」대신 반드시 「わ」를 써야한다

例) 会(あ)う(만나다) → 会(あ)わない(만나지 않(는)다/만나지 않겠다)

言(い)う(말하다) → 言(い)わない(말하지 않는다) / 習(なら)う(배우다)→習(なら)わない(배우지 않는다)

(2) 書(か)く(쓰다) → 書(か)かない(쓰지 않(는)다)

(3) 嗅(か)ぐ(냄새를 맡다) → 嗅(か)がない(냄새를 맡지 않(는)다/냄새를 맡지 않겠다)

(4) 話(はな)す(말하다) → 話(はな)さない(말하지 않(는)다/말하지 않겠다)

(5) 立(た)つ(서다) → 立たない(시지 않는다/서지 않겠다)

(6) 死(し)ぬ(죽다) → 死(し)なない(죽지 않(는)다/죽지 않겠다)

(7) 読(よ)む(읽다) → 読(よ)まない(읽지 않(는)다/읽지 않겠다)

(8) 遊(あそ)ぶ(놀다) → 遊(あそ)ばない(놀지 않(는)다/놀지 않겠다)

2. 2그룹동사 (미연형)

→ 어미 「る」를 빼고 [ない]를 접속 한다.

[2그룹동사의 어간 + ない] : 부정 / 의지의 부정을 표현할 때 사용

※ 2그룹동사의 例)

(1) 見(み)る	→	見(み) + ない	(보지 않(는)다 – 부정) (보지 않겠다 – 의지의 부정)
(2) 起(お)きる	→	起(お)き + ない	(일어나지 않(는)다 – 부정) (일어나지 않겠다 – 의지의 부정)
(3) 食(た)べる	→	食(た)べ + ない	(먹지 않(는)다 – 부정) (먹지 않겠다 – 의지의 부정)

(4) 覚(おぼ)える → 覚(おぼ)え + ない (외우지 않(는)다 – 부정)

(외우지 않겠다 – 의지의 부정)

3. 3그룹동사 – 불규칙동사에 해당: する와 来(く)る 밖에 없다

(1) する(하다) → しない (하지 않(는)다 – 부정)

(하지 않겠다 – 의지의 부정)

(2) 来(く)る(오다) → 来(こ)ない (오지 않(는)다 – 부정)

(오지 않겠다 – 의지의 부정)

ちょっと一休(ひとやす)み

쉬어가는 코너

❖ 일본의 전형적인 아침 식사는 무엇일까?

대체로 밥과 한 두 가지의 간단한 반찬과 미소시루(된장국)와 츠게모노(장아찌)이다. 그러나 최근 들어서는 토스트와 커피 등 간단한 서양식으로 아침 식사를 하는 경우가 직장인들 사이에서 늘어나고 있다.

제13장

여름휴가 때 일본에 갈 예정입니다.

夏休(なつやす)み、日本(にほん)へ行(い)くつもりです。

학습목표(學習目標)

- 雨(あめ)が降(ふ)りましたから。
- たまらないです。

会話 Ⅰ

中村 ： 暑(あつ)いですね。昨日(きのう)は 雨(あめ)が降(ふ)りましたから 暑(あつ)くなかったのに。。。

キム ： むし暑(あつ)くて たまらないです。中村さんは 大丈夫(だいじょうぶ)ですか。

中村 ： はい、大丈夫(だいじょうぶ)です。日本(にほん)の夏(なつ)は 湿気(しっけ)が多(おお)いから 韓国(かんこく)より暑(あつ)いです。
どころで 韓国(かんこく)の梅雨(つゆ)は いつですか。

キム ： 7月中旬(ちゅうじゅん)から下旬(げじゅん)までです。

会話 Ⅱ

中村 ： 夏休(なつやす)み、どこか行(い)きませんか。

キム ： 日本(にほん)へ行(い)くつもりです。

中村 ： 何泊(なんぱく)の予定(よてい)ですか。

キム ： 7月(がつ)25日(にち)から三泊四日(さんぱくよっか)です。

中村 ： 何(なに)をしに行(い)きますか。

キム ： 遊(あそ)びに行(い)きます。どころで中村さん、日本(にほん)で一番暑(いちばんあつ)いところは どこですか。

キム ： 沖縄(おきなわ)が一番暑(いちばんあつ)いです。

Key Word

- 三泊四日(さんぱくよっか)
- 梅雨(つゆ)
- つもり

解說 회화 Ⅰ

나카무라 : 덥네요. 어제는 비가 내려서 덥지 않았었는데...
김 : 무더워서 참을수가 없어요. 나카무라씨는 괜찮습니까?
나카무라 : 네, 괜찮아요. 일본의 여름은 습기가 많아서 한국 보다 덥습니다.
그런데 한국의 장마는 언제입니까?
김 : 7월 중순부터 하순까지입니다.

회화 Ⅱ

나카무라 : 여름휴가 어딘가 가십니까?
김 : 일본에 갈 예정입니다.
나카무라 : 몇박 몇일 예정입니까?
김 : 7월 25일부터 3박 4일입니다.
나카무라 : 뭐하러 가십니까?
김 : 놀러 갑니다.
그런데, 나카무라씨, 일본에서 가장 더운 곳은 어디입니까?
나카무라 : 오키나와가 제일 덥습니다.

ちょっと一休み

쉬어가는 코너

❖ 면을 먹을 때 일본 사람들은 왜 소리를 내면서 먹을까?

다른 나라에서는 안 좋은 행동으로 생각하지만 일본 사람들이 소리를 내면서 먹는 것은 맛있게 먹고 있다는 의미이다. 우아하게 차를 마시는 장소에서 조차 차를 다 마셨을 때는 짧게 소리를 내는 것이 매너이다.

단어정리와 어구해설

- 暑い : 덥다
- 雨 : 비
- 降りましたから : 내렸기 때문에 (雨が降る : 비가내리다)
- 暑くなかったのに : 덥지 않았었는데...
- 降る : 내리다
- むし暑い : 무덥다
- たまらない : 참을 수 없다
- 大丈夫 : 괜찮다
- 湿気 : 습기
- 多い : 많다
- ~より : ~보다
- 梅雨 : 장마
- 中旬 : 중순 (初旬: 초순 / 中旬 : 중순 / 下旬 : 하순)

문형연습 단어정리

- 頑張りました。 : 분발하였습니다.
- 上手になりました。 : 능숙하게 되었습니다.
- 熱心にしました。 : 열심히 하였습니다.

- 一生懸命(いっしょうけんめい)にしました。 : 열심히 하였습니다.
- 悲(かな)しくなる : 슬프게 되다.
- 辛(つら)くなる : 괴롭게 되다
- 痛(いた)くなる : 아프게 되다.
- 市場(いちば) : 시장
- 飛行機(ひこうき) : 비행기
- 海(うみ) : 바다
- 買(か)い物(もの) : 쇼핑
- 働(はたら)く : 일하다
- 泳(およ)ぐ : 헤엄치다

응용회화의 단어정리

- 夏休(なつやす)み : 여름방학
- 予定(よてい) : 예정
- 三泊四日(さんぱくよっか) : 3박 4일
- 沖縄(おきなわ) : 오키나와
- つもり : 예정/작정/속셈
- 箱根(はこね)「하코네」 : 일본지명

문형연습

- 春(はる)は何月(なんがつ)から何月(なんがつ)までですか。— 3月 / 4月 / 5月 です。

- 夏(なつ)は何月(なんがつ)から何月(なんがつ)までですか。— 6月 / 7月 / 8月 です。

- 頑張(がんば)りました / 熱心(ねっしん)にしました / 一生懸命(いっしょうけんめい)にしました から上手(じょうず)になりました。

- 暑(あつ)く / 寒(さむ)く / 悲(かな)しく / 辛(つら)く / 痛(いた)く なりました。— 暑(あつ)くて / 寒(さむ)くて / 悲(かな)しくて / 辛(つら)くて / 痛(いた)くて たまらないです。

● 何泊(なんぱく)の予定(よてい)ですか。—

	一泊二日(いっぱくふつか)	です。
	二泊三日(にはくみっか)	
	三泊四日(さんぱくよっか)	
	四拍五日(よんはくいつか)	
	一週間(いっしゅうかん)	
	一年間(いちねんかん)	

● 何(なに)をしに行(い)きますか。

私(わたし)は	デパート	へ	買(か)い物(もの)	に行(い)きます。
	外国(がいこく)		旅行(りょこう)	
	日本(にほん)		習(なら)い	
	会社(かいしゃ)		働(はたら)き	
	海(うみ)		泳(およ)ぎ	

●

ソウル	より	東京(とうきょう)	の方(ほう)が	湿気(しっけ)が多(おお)いです。
日本(にほん)		中国(ちゅうごく)		大(おお)きいです。
デパート		市場(いちば)		安(やす)いです。
英語(えいご)		日本語(にほんご)		やさしいです。
汽車(きしゃ)		飛行機(ひこうき)		早(はや)いです。

응용회화

1 A：夏(なつ)は何月(なんがつ)から何月(なんがつ)までですか。 A： 여름은 몇월부터 몇월까지 입니까?

B：6月(がつ)、7月(がつ)、8月(がつ)です。 B： 6월, 7월, 8월입니다..

2 A：夏(なつ)は暑(あつ)いですか。 A： 여름은 덥습니까?

B：はい、暑(あつ)いです。 B： 네, 덥습니다.

はい、むし暑(あつ)いです。 /네, 무덥습니다.

いいえ、あまり暑(あつ)くないです。 아니요, 그다지 덥지 않습니다.

3 A：昨日(きのう)はどうでしたか。 A： 어제는 어땠습니까?

B：雨(あめ)が降(ふ)りましたから暑(あつ)くなかったです。 B： 비가 와서 덥지 않았습니다.

4 A：ソウルの夏(なつ)はどうですか。 A： 서울의 여름은 어떻습니까?

B：暑(あつ)いですが、大丈夫(だいじょうぶ)です。 B： 덥지만, 괜찮습니다.

暑(あつ)いから、大変(たいへん)です。 더워서 힘듭니다.

5 A：東京(とうきょう)の夏(なつ)はどうですか。 A： 동경의 여름은 어떻습니까?

B：湿気(しっけ)が多(おお)いからソウルより暑(あつ)いです。 B： 습기가 많아서 서울보다 덥습니다.

ソウルより東京(とうきょう)の方(ほう)が湿気(しっけ)が多(おお)いです。 서울보다 동경쪽이 습기가 많습니다.

6

A：夏休(なつやす)みはいつからですか。 — A： 여름휴가는 언제부터 입니까?

B：7月初旬(しょじゅん)です。 — B： 7월 초순부터입니다.

7月三日(みっか)から三泊四日(さんぱくよっか)です。 — 7월 3일부터 3박 4일입니다.

7

A：夏休(なつやす)み、何(なに)をするつもりですか。 — A： 여름휴가, 무엇을 할 예정입니까?

B：日本語(にほんご)の勉強(べんきょう)をするつもりです。 — B： 일본어공부를 할 예정입니다.

8

A：どこか行(い)きますか。 — A： 어딘가에 가십니까?

B：日本(にほん)へ行(い)くつもりです。 — B： 일본에 갈 예정입니다.

9

A：日本(にほん)へ何(なに)をしに行(い)きますか。 — A： 일본에 무엇을 하러 갑니까?

B：日本語(にほんご)を習(なら)いに行(い)きます。 — B： 일본어를 배우러 갑니다.

10

A：どこへ行(い)きたいですか。 — A： 어디에 가고 싶습니까?

B：「箱根(はこね)」へ遊(あそ)びに行(い)きたいです。 — B： 하코네에 놀러 가고 싶습니다.

ちょっと一休(ひとやす)み

쉬어가는 코너

玉(たま)に傷(きず)：옥에 티

三日坊主(みっかぼうず)：작심삼일

知(し)らぬが仏(ほとけ)：모르는게 약

短期(たんき)は損氣(そんき)：성급하면 손해 본다

기본문법과 해설

Ⅰ. 형용사의 부사적 용법

→ 모든 형용사의 어미 「~い」를 「~く」로 변화시켜 동사 앞에서 부사로 사용할 수 있다.

→ 「~하게 / ~게」로 해석

例) 赤(あか)い(빨갛다) → 赤(あか)くなる(빨갛게 되다)

Ⅱ. 형용동사의 부사적 용법

→ 형용동사 「だ」를 「~に」로 바꾸면 동사 앞에서 부사 역할을 한다.

→ 「~하게 / ~게」로 해석

例) 上手(じょうず)だ(능숙하다) → 上手(じょうず)になる(능숙하게 되다)

Ⅲ. 조수사(何泊何日(なんぱくなんにち))

一泊	いっぱく	(1박)	一泊二日	いっぱくふつか	(1박 2일)
二泊	にはく	(2박)	二泊三日	にはくみっか	(2박 3일)
三泊	さんぱく	(3박)	三泊四日	さんぱくよっか	(3박 4일)
四泊	よんはく	(4박)	四泊五日	よんはくいつか	(4박 5일)
五泊	ごはく	(5박)	五泊六日	ごはくむいか	(5박 6일)
六泊	ろっぱく	(6박)	六泊七日	ろっぱくなのか	(6박 7일)
七泊	ななはく	(7박)	七泊八日	ななはくようか	(7박 8일)
八泊	はちはく(はっぱく)	(8박)	八泊九日	はっぱくここのか	(8박 9일)
九泊	きゅうはく	(9박)	九泊十日	きゅうはくとおか	(9박10일)
十伯	じゅうはく	(10박)			

제14장

가을과 겨울

四季(しき)—秋(あき)と冬(ふゆ)

학습목표(學習目標)

- 気候(きこう)はどうですか。
- 四(よっ)つの季節(きせつ)があります。
- 行(い)けばいいのに

会話

キム　：　日本の気候はどうですか。

中村　：　春と夏と秋と冬、四つの季節があります。
春は暖かくて、夏は暑くて、秋は涼しくて、冬は寒いです。

キム　：　韓国と同じですね。
中村さん、もみじで有名なところはありますか。

中村　：　日光のもみじが有名です。
また“雪まつり”で有名なところは北海道の札幌です。

キム　：　そうですか。
では、沖縄が一番暑くて、北海道が一番寒いところですね。

中村　：　キムさんは雪が好きですか。

キム　：　雪が好きです。“雪祭り”にぜひ参加したいです。

中村　：　一緒に札幌へ行けばいいのに。。。

Key Word

- 気候
- 季節
- ぜひ

解說 회화

김	:	일본의 기후는 어떻습니까?
나카무라	:	봄, 여름, 가을, 겨울의 사계절이 있습니다. 봄은 따뜻하고, 여름은 덥고, 가을은 시원하고, 겨울은 춥습니다.
김	:	한국과 같네요. 나카무라씨, 단풍으로 유명한 장소가 있습니까?
나카무라	:	닛코의 단풍이 유명합니다. 또 "눈꽃 축제"로 유명한 곳은 홋카이도의 삿포로입니다.
김	:	그렇습니까? 그러면, 오키나와가 제일 덥고, 홋카이도가 제일 추운 곳이군요.
나카무라	:	김씨는 눈을 좋아합니까?
김	:	네, 눈을 좋아합니다. "눈축제"에 꼭 참가하고 싶습니다.
나카무라	:	함께 홋카이도에 가면 좋을 텐데...

ちょっと一休(ひとやす)み

쉬어가는 코너

❖ 유끼마쯔리 「雪祭(ゆきまつ)り(눈축제)」는 어떤 축제인가요?

유끼마쯔리는 매년 2월에 삿뽀로(札幌)에서 열립니다. 여기서 마쯔리의 의미는 종교적인 것이 아닌 큰 이벤트의 의미가 있습니다. 몇 백 개나 되는 설상과 얼음 조각이 도시 중심부에 전시되며, 해외에서 참가한 설상도 있습니다. 큰 설상에는 한 개당 2천㎥의 눈이 사용되는데 그 운반은 자위대가 맡고 있습니다. 1950년부터 시작되어 현재 2백만 명 이상의 사람이 축제에 참가하기 위하여 찾아오는 세계적인 축제랍니다~~

단어정리와 어구해설

- 気候(きこう) ： 기후
- 秋(あき) ： 가을
- 涼(すず)しい ： 시원하다
- 冬(ふゆ) ： 유명하다
- 寒(さむ)い ： 눈꽃축제
- 四(よっ)つの季節(きせつ) ： 사계절
- 同(おな)じだ ： 같다
- もみじ ： 단풍
- 有名(ゆうめい)だ ： 유명하다
- 雪(ゆき)まつり ： 눈꽃축제
- ぜひ ： 아무쪼록 / 제발 / 꼭 (=どうしても·かならず)
- 参加(さんか) ： 참가 (=「参席(さんせき)」：참석)
- 北海道(ほっかいどう) ： 홋가이도
- 札幌(さっぽろ) ： 삿포로
- 沖縄(おきなわ) ： 오키나와
- 行(い)けば ： 가면/간다면
- 良(い(よ))いのに ： 좋을텐데...

문형연습 단어정리

- きっと : 꼭 / 반드시 / 필히
- 飲(の)めば : 마시면 / 마신다면(「飲(の)む : 마시다」의 가정형)
- 話(はな)せば : 말하면 / 말한다면(「話(はな)す : 말하다」의 가정형)
- 起(お)きれば : 일어나면 / 일어난다면(「起(お)きる : 일어나다」의 가정형)
- 食(た)べれば : 먹으면 / 먹는다면(「食(た)べる : 먹다」의 가정형)
- 先輩(せんぱい) : 선배
- 後輩(こうはい) : 후배
- 同輩(どうはい) : 동료, 동년배
- 来(く)れば : 오면 / 온다면(「来(く)る : 오다」의 가정형)
- すれば : 하면 / 한다면(「する : 하다」의 가정형)

응용회화의 단어정리

- 料理(りょうり) : 요리
- 親切(しんせつ)だ : 친절하다
- 優(やさ)しい : 상냥하다
- 見(み)れば : 본다면
- プサン : 부산

문형연습

- もみじ / カルビ / キムチ で 有名なところはどこですか。

- 日本語が 分かります。/ できます。/ 好きです。/ 嫌いです。

- キムチ / カルビ / パン が 好きです。/ 嫌いです。

- 彼しに会えば / ビールを飲めば / 上手に話せば / 早く起きれば / 寿司を食べれば いいのに。。。

暇(ひま)	があれば	ぜひ	遊(あそ)びに行(い)きたいです。
時間(じかん)		必(かなら)ず	
お金(かね)		きっと	

彼(かれ)	に会(あ)わないです。
先輩(せんぱい)	
後輩(こうはい)	
同輩(どうはい)	

日本語(にほんご)を	書(か)かない	です。
	読(よ)まない	
	話(はな)さない	

早(はや)く	起(お)きれば	いいのに。。。（良(よ)かったのに。。。）
	休(やす)めば	
	来(く)れば	
	すれば	

응용회화

1 A：昨日は寒かったですか。　A：어제는 추웠습니까?

B：いいえ、あまり寒くなかったです。　B：아니요, 그다지 춥지 않았었습니다.

2 A：札幌は有名なところですか。　A：삿포로는 유명한 곳 입니까?

B：はい、"雪まつり"で有名なところです。　B：네, 눈꽃축제로 유명한 곳입니다.

3 A：韓国の料理の中で好きな料理は何ですか。

A：한국요리 중에 좋아하는 음식은 무엇입니까?

B：キムチとカルビが大好きです。　B：김치와 갈비를 매우 좋아합니다.

4 A：日本語の先生は親切ですか。　A：일본어 선생님은 친절합니까?

B：日本語の先生は親切で、優しいです。　B：일본어 선생님은 친절하고 상냥합니다.

5 A：日本語の勉強はどうですか。　A：일본어 공부는 어떻습니까?

B：少し難しいですが、おもしろいです。　B：조금 어렵지만, 재밌습니다.

6 A：スポーツが好きですか。　A：스포츠를 좋아합니까?

B：前はあまり好きじゃ<u>ありませんでしたが</u>、
=(なかったですが)

今は、好きになりました。

B：전에는 그다지 좋아하지 않았었지만, 지금은 좋아졌습니다.

7	A：日本語(にほんご)ができますか。	A： 일본어 할 수 있습니까?
	B：少(すこ)しできます。	B： 조금 할 수 있습니다.
	上手(じょうず)に話(はな)せば良(よ)かったのに。。。	능숙하게 말할 수 있으면 좋았을텐데...
	上手(じょうず)に話(はな)したいです。	능숙하게 말하고 싶습니다.
8	A：何(なに)をしましょうか。	A： 무엇을 할까요?
	B：映画(えいが)を見(み)ましょう。	B： 영화를 봅시다.
9	A：プサンへ行(い)きませんか。	A： 부산에 가지 않으시겠습니까?
	B：行(い)けばいいのに。。。	B： 갈수 있으면 좋을텐데...
	今(いま)は少(すこ)し忙(いそが)しくて。。。	지금은 조금 바빠서...
10	A：何(なに)がほしいですか。	A： 무엇이 갖고 싶습니까?
	B：はでなネクタイがほしいです。	B： 멋있는 넥타이가 갖고 싶습니다.
11	A：彼(かれ)に会(あ)いますか。	A： 그와 만납니까?
	B：彼(かれ)に会(あ)いません。	B： 그와 만나지 않습니다.
	(会(あ)わないです)	

단어정리와 어구해설

Ⅰ. 동사의 활용

1. 1그룹동사의 가정형

– 1그룹동사의 모든 어미 「う, く, ぐ, す, つ, ふ, ぶ, む, る」를 [え段]으로 바꾼 후 가정의 「ば」 접속 ; 가정을 나타냄

분류	あ行	か行	が行	さ行	た行	は行	ば行	ま行	ら行	わ行
あ段	あ	か	が	さ	た	は	ば	ま	ら	わ
い段	い	き	ぎ	し	ち	ひ	び	み	り	
う段	う	く	ぐ	す	つ	ふ	ぶ	む	る	(う)
え段	え	け	げ	せ	て	へ	べ	め	れ	
お段	お	こ	ご	そ	と	ほ	ぼ	も	ろ	を

모든 기본형 [う段]을 [え段]으로 바꾼 후 [ば]를 접속 한다.
→ [え段 + ば] ; 가정을 표현할 때 사용

(1) 会う (만나다) → 会えば (만나면/만난다면)

(2) 書く (쓰다) → 書けば (쓰면/쓴다면)

(3) 嗅ぐ (냄새를 맡다) → 嗅げば (냄새를 맡으면/냄새를 맡는다면)

(4) 話す (말하다) → 話せば (말하면/말한다면)

(5) 立つ (서다) → 立てば (서면/선다면)

(6) 死ぬ (죽다) → 死ねば (죽으면/죽는다면)

(7) 読む (읽다) → 読めば (읽으면/읽는다면)

(8) 遊ぶ (놀다) → 遊べば (놀면/논다면)

2. 2그룹동사 (가정형)

→ 어미 「る」를 빼고 [れば]를 접속 한다.

[2그룹동사의 어간 +れば] : 가정을 표현할 때 사용

※ 2그룹동사의 例)

(1) 見る → 見 + れば (보면 / 본다면 – 가정)

(2) 起きる → 起き + れば (일어나면 / 일어난다면 – 가정)

(3) 食べる → 食べ + れば (먹으면 / 먹는다면 – 가정)

(4) 覚える → 覚え + れば (외우면 / 외운다면 – 가정)

3. 3그룹동사 – 불규칙동사에 해당: する와 來る 밖에 없다

(1) する(하다) → すれば(하면 / 한다면 – 가정)

(2) 來る(오다) → 来れば(오면 / 온다면 – 가정)

ちょっと一休み

쉬어가는 코너

猿も 木から 落ちる : 원숭이도 나무에서 떨어진다

うわさを すれば かげが さす : 호랑이도 제 말하면 온다

◈ 저자약력 ◈

■ 한혜숙 (Hye-Sook Han, ph.D.)

- 경희대학교 대학원 관광학 박사
- 중앙대학교 대학원 일어교육학 석사
- 日本千駄ケ谷 日本語學校教師養成課程 修了
- 현재: (학)숭실대학교 숭실호스피탈리티 학장
- Japan SAKE Service Institute International(SSI) 키키자케시 이사
- American Hotel & Lodging Association Certified Hotel Administrator -국제공인 호텔최고경영전문가 (AHLA CHA)
- Japan F&B Specialists Organization 세계 키키자케시대회 국제심사위원
- Specility Coffee Association Of EUROPE AST
- 사)글로벌 F&B산업연구원 원장

〈주요논문〉

- 武者小路實篤의 人道主義思想과 「新しき村」에 관한 研究
- 신기성욕구와 관여도에 따른 관광목적지 브랜드가치 비교연구 -일본Outbound 관광객을 중심으로-
- 일본인 주요 해외여행 목적지 관광브랜드 지수평가에 관한 연구
- 관여수준에 따른 관광목적지 브랜드가치 비교연구 -해외여행을 하는 일본인을 중심으로
- A Structural Model for Examining How Destination Image, Perceived value, and Service quality affect Destination Loyalty: a Case Study of Orlando **INTERNATIONAL JOURNAL OF TOURISM RESEARCH (SSCI)** Int. J. Tourism Res.
- A Studyon the Way of Establishing Training Strateg y for Sustainable Tourism Development

〈주요저서〉

- 관광실무일어 Ⅰ, Ⅱ
- 기초일본어
- 호텔관광외식일본어
- 관광학개론
- 관광사업론
- First Coffee

그 외 다수

알기쉬운 일본어

2015년 2월 12일 인쇄
2015년 2월 23일 발행

저　자 : 한혜숙
발행인 : 이재훈
발행처 : **새로미**
기획 · 편집 : 한윤서
서울시 강서구 월정로 30길 69
TEL : (02)523-5903~4
FAX : (02)2693-2437
등록번호 : 제22-2406호
www.seromi.kr
ISBN : 978-89-91529-24-3
가격 : 15,000원
MP3 홈페이지에서 무료다운

도서출판 새로미